LE GÉNÉRAL IUNG

STRATÉGIE TACTIQUE ET POLITIQUE

« La guerre est un instrument de la politique ; elle en prend le caractère et les dimensions. »

GÉNÉRAL CLAUSEWITZ.

« Pourquoi la paix, comme la guerre, n'aurait-elle pas sa stratégie? »

E. D GIRARDIN.

PARIS
G. CHARPENTIER ET Cie, ÉDITEURS
11, RUE DE GRENELLE, 11

1890

STRATÉGIE

TACTIQUE ET POLITIQUE

BIBLIOTHÈQUE CHARPENTIER

à 3 fr. 50 le volume.

DU MÊME AUTEUR :

BONAPARTE ET SON TEMPS (4e mille). . . . . 3 vol.

L'ARMÉE ET LA RÉVOLUTION. Dubois-Crancé, mousquetaire, constituant, conventionnel, général de division, ministre de la guerre (1747-1814). . . . . 2 vol.

(*Chaque volume se vend séparément.*)

NOTA. — Ce dernier ouvrage existe également en édition in-8°, à 7 fr. 50 le volume.

LUCIEN BONAPARTE ET SES MÉMOIRES (1775-1840) d'après les papiers déposés aux archives étrangères et d'autres documents inédits. 3 vol. in-8°.

Chaque volume, 7 *fr*. 50.

Paris. — Typographie Gaston NÉE, 1, rue Cassette. — 2827.

LA GUERRE ET LA SOCIÉTÉ

STRATÉGIE
TACTIQUE ET POLITIQUE

PAR

LE GÉNÉRAL IUNG

« La guerre est un instrument de la politique ; elle en prend le caractère et les dimensions. »
GÉNÉRAL CLAUSEWITZ.

« Pourquoi la paix, comme la guerre, n'aurait-elle pas sa stratégie ? »
E. DE GIRARDIN.

PARIS

G. CHARPENTIER ET Cie, ÉDITEURS

11, RUE DE GRENELLE, 11

1890

HOMMAGE

A MES CHEFS

LE GÉNÉRAL IUNG.

Dunkerque, le 11 mars 1890.

STRATÉGIE

TACTIQUE ET POLITIQUE

CHAPITRE PREMIER

POSITION DE LA QUESTION

De la tactique. — Des différentes tactiques. — De la tactique générale. — Des qualités tactiques. — Du rôle de l'État dans la tactique. — De la stratégie positive et active. — De la stratégie d'État. — Des qualités stratégiques. — Du rôle de la politique dans la stratégie. — De la politique. — De ses origines et de ses variétés. — Politique extérieure. — Politique intérieure. — La politique est l'application des règles de la stratégie et de la tactique aux forces diverses composant l'État. — Conclusions.

Tels sont les divers sujets dont je désire aborder l'examen.

Primitivement, ces développements existaient dans mon étude sur *La guerre et la société*. Ils en formaient la déduction naturelle. Mais, au moment d'envoyer le manuscrit à l'éditeur, je me décidai à des coupures. Je supprimai toute la partie concernant la *stratégie*, la *tactique* et la *politique*.

Les causes de cette mutilation étaient multiples.

La première était toute de convenance militaire, si j'ose m'exprimer ainsi.

Le nouveau fusil, la nouvelle poudre, etc..., se trouvaient apporter dans la tactique des troupes et des services une perturbation profonde. Vouloir parler de tactique, c'était nécessairement s'occuper des modifications résultant pour elle des découvertes récemment faites. Or, la France était seule alors à posséder ces perfectionnements. En discuter les effets et les conséquences possibles, c'était donc faire toucher du doigt à des adversaires l'infériorité de leur organisme. J'en avais bien la faculté et j'y comptais recourir de la façon la plus discrète, mais je n'éprouvais pas moins une sorte de scrupule à me faire l'interprète de ces nécessités.

A l'heure actuelle, il n'en est plus de même. Partout on écrit sur ces question si pleines d'actualité, partout on en parle. La préoccupation est générale. Elle est même obligatoire.

D'autre part, mon travail eût été trop long. Les historiens seuls peuvent se permettre des ouvrages en plusieurs volumes.

A notre époque de chemins de fer, de télégraphes et de téléphones, l'effort intellectuel a subi l'influence des inventions du siècle. On ne lit plus, on parcourt. On coupe parfois les pages d'un livre ; on les respecte, s'il y en a deux ou trois. Le temps semble devenu plus précieux, tellement on se trouve absorbé par la variété des sensations éprouvées journellement au contact des événements du monde.

La nervosité générale a augmenté, la patience a diminué. Il y a cinquante ans, il fallait des semaines, des mois même, pour recevoir une nouvelle grave. On trouvait le fait tout naturel ; on ne s'en émotionnait pas ; on savait attendre. Diplomates et généraux disposaient de tout le temps désirable pour agir et rédiger ces dépêches dont nous admirons encore le style et l'esprit. Aujourd'hui, les plis officiels, ternes et uniformes, se tassent et s'entassent dans les cartons. A peine ministres et directeurs ont-ils la faculté d'en prendre une connaissance superficielle.

Le public serait mécontent s'il n'était pas informé, le soir, de l'incident survenu le matin à Constantinople ou à Tokio. La Presse, avec ses éditions multiples et ses dépêches de la dernière heure, s'est faite la traductrice palpable de cette activité fébrile de nos impressions.

Le cerveau a subi les conséquences de cette transformation. Nos cellules cérébrales, plus fréquemment émotionnées, sont, il est vrai, en voie de s'assouplir à cette sorte d'agitation incessante ; mais, il n'en résulte pas moins des modifications profondes dans la manière d'exprimer les pensées et de les accepter.

Il faut écrire pour le siècle qui vient et non pour celui qui s'en va, disait Edmond About. Les longues phrases rythmées ont fait leur temps, ajoutait-il, en parcourant le manuscrit que je soumettais à sa critique. Retranchez courageusement toutes les superfétations, et vous serez à peu près correct.

About avait raison.

Savoir élaguer, savoir supprimer les inutilités, c'est l'art de l'écrivain, c'est celui de l'homme d'État.

La chimie appliquée et la chimie organique forment deux études distinctes. Il en est de même de la stratégie, de la tactique et de la politique, ces modes d'application de la science de la guerre et de la science de la paix. Elles doivent être envisagées séparément.

La théorie et la pratique se suivent. Elles ne doivent pas se confondre.

Le style, lui aussi, doit être différent. Celui de l'une ne peut être celui de l'autre. Une étude synthétique sur les rapports de la science de la guerre avec la science sociale, sur les principes de cette grandiose relativité, réclame une concision toute particulière.

Les questions de logique supérieure sont fort pénibles à aborder. Elles veulent être condensées sous une forme brève, analogue à celle d'une maxime ou d'un théorème de géométrie. Elles sont présentées à l'aide de phrases et de mots, autrement délicats à manier que les signes algébriques.

A cette condition seule, elles peuvent frapper l'esprit, prêter moins à l'équivoque et éviter cette apparence fantaisiste, si facilement invoquée par les esprits superficiels, toujours disposés à rejeter ce qu'ils sont hors d'état de comprendre.

Évidemment leur lecture n'est pas attrayante comme celle du roman du jour; mais si certaines nuances échappent, l'idée de l'ensemble subsiste. Et de cette idée, il en est comme de la goutte d'eau, elle creuse lentement et sûrement. Le temps et la suggestion font le reste.

Ce procédé d'ailleurs est logique. Il est nécessaire. On ne commence pas la construction d'une maison par les cuisines. On assure d'abord les fondations; on élève ensuite les murs; plus tard seulement, on aménage les chambres.

Dans les sciences d'application, malheureusement, et particulièrement pour les choses de la guerre, on n'a pas agi de la sorte. On a suivi la méthode empirique. Du reste, il était difficile de faire autrement.

Les éléments d'analyse et de synthèse faisaient défaut. On a commencé et l'on a continué longtemps par faire la guerre sans l'avoir même définie. On devait passer par les étapes de l'art de la guerre et de l'art militaire avant d'aborder la science de la guerre.

Quelques écrivains, Jomini, Clausewitz, Proudhon, etc., avaient bien entrevu la complexité du phénomène et la connexité de ses multiples manifestations. Ils n'en avaient pas déterminé les conditions d'être.

Les principes, présidant à cette évolution, j'ai tenté de les fixer dans mon dernier travail, *La guerre et la société.*

Les voici en quelques mots :

« Une société ne peut être qu'en paix ou en guerre. Ces deux termes expriment une seule et même action, la concurrence des sociétés pendant la période de paix et pendant celle de la guerre. La guerre n'est en effet que la continuation de la lutte de la paix avec des procédés particuliers.

« Ces deux situations correspondent à deux sciences dont la synthèse est, la science de l'État pour une société donnée, la science sociale pour l'ensemble des sociétés humaines.

« Toute société comprend des hommes, des moyens et un milieu.

« Le milieu, c'est le territoire national; les moyens sont les ressources de toute nature existant sur ce territoire; les hommes sont les habitants, se répartissant en gouvernants et gouvernés.

« Pour produire un effet quelconque, pour vivre et se perpétuer, la combinaison de ces trois éléments est nécessaire.

« Si je veux établir une industrie, j'ai besoin d'ouvriers, de matières premières, d'une usine et de milieux convenables d'où je puisse tirer mes matières, où je puisse installer mes ateliers et faire écouler mes produits.

« Pour le commerce extérieur, les mêmes obligations s'imposent : hommes, moyens matériels et pécuniaires, vaisseaux, mer favorable, ports convenables, relations amicales avec les pays où les échanges doivent se faire.

« A tous les degrés de l'échelle sociale, le procédé est le même.

« L'animalité agit d'identique façon. Castors, fourmis, oiseaux, abeilles, etc..., ont besoin de moyens et de milieux pour construire, les uns, leurs abris, les autres, leurs nids ou leurs ruches.

« Aux degrés inférieurs de l'animalité, dans la matière organique et inorganique, les moyens se simplifient, l'animalité consciente disparaît.

Il n'y a plus que des moyens et des milieux agissant ou réagissant les uns sur les autres, et produisant, les uns, ces infiniment petits dont le microscope nous dénonce l'existence, les autres, ces plantes que nous admirons, ou ces alliages si variés utilisés pour nos usages particuliers.

« Dans le domaine physiologique, le phénomène est analogue. Nos idées, ces résultantes de deux états de conscience différents et du heurt de nos sensations avec nos cellules cérébrales, ont besoin d'un milieu convenable pour se produire.

« Pour une société déterminée, la juxtaposition de ces trois termes constitue l'État et peut seule le constituer. En effet, il n'y a plus d'État, si l'un des trois fait défaut.

« Mais, le rapprochement, la combinaison de trois termes aussi différents suffit nécessairement pour produire un effet, une résultante. Cet effet, cette résultante, c'est la civilisation, le progrès.

« Cette résultante est préexistante. Elle est indéterminée. C'est une évolution constante des hommes et des choses vers une situation inconnue. Nous ne pouvons ni l'arrêter, ni la comprendre. Elle nous domine de toute la puissance de l'infini grandiose de cette nature, au sein de laquelle nous gravitons.

« Henri III et ses mignons, Louis XIV et

ses courtisans, ne pouvaient pas plus s'imaginer nos boulevards, nos chemins de fer et nos moyens de destruction, que nous ne pouvons à notre tour pressentir l'état de Paris et de la France dans deux cents années d'ici.

« Scientifiquement, on peut représenter cette opération du progrès, comme une fonction de trois forces, dont les deux premières, l'homme et les moyens, tendent à se neutraliser, à s'associer ou à se détruire, sous l'action de la troisième, le milieu.

« Et ce mouvement, ce progrès sera d'autant plus sensible, d'autant plus satisfaisant, qu'il sera un agencement plus logique des trois forces qui le déterminent.

« Tout mouvement se fait nécessairement dans un sens. Il a dès lors un but, une orientation. Il est subordonné à des principes : l'unité, la simplicité et l'homogénéité. Il correspond à trois phases d'action : une direction initiale, une transmission et une exécution.

« En guerre, en effet, nous ne pouvons nous figurer une opération faite, sans un ordre donné et sans la transmission de cet ordre à l'exécutant.

« Plus cette direction sera précise, nette, une, la transmission simple et rapide, plus l'exécution sera parfaite.

« Plus l'organisation de l'armée sera simple et en accord avec celle de la société civile, plus la mise sur pied des troupes et des services se fera rapidement.

« Enfin, plus l'armée sera nationale, c'est-à-dire, homogène dans son esprit et dans sa préparation, plus l'effet sera remarquable, plus le but sera rapidement atteint. »

Mais pour une armée, le but final de cette combinaison d'hommes, de moyens et de terrain, c'est la destruction des forces adverses.

Ce but est déterminé. Il est immédiat pour une bataille, un siège. Il ne l'est plus pour un plan de campagne.

On est donc en droit d'émettre cette loi générale : *La stratégie et la tactique constituent l'ensemble des dispositions aptes à régler l'emploi judicieux des hommes, des moyens et des milieux, en vue de la guerre et pendant la guerre.*

En définitive, c'est à l'étude de ces applications de la science de la guerre que je vais consacrer ces pages.

Je suis loin, bien loin d'être le premier. Nombre d'écrivains éminents, Jomini, l'archiduc Charles, Clausewitz, Brialmont, Sironi, von der Goltz, Blume, de Hohenlohe, Lewal, Berthaut, Fay, Pierron, etc., ont écrit sur ces matières. Aussi, de prime abord, j'éprouvais une sorte de crainte à reprendre ces délicates questions. Mais n'est-ce pas notre lot à tous d'être d'éternels recommenceurs? Nos aînés dans la carrière sont nos initiateurs obligés.

Les quelques connaissances que je possède, je les dois aux hasards de la vie militaire. J'ai occupé des positions multiples. Aux moments psychologiques, en paix comme en guerre, j'ai eu la fortune de me trouver auprès des gouvernants et de chefs éminents.

Avec eux, j'ai pu voir.

Par eux, j'ai pu apprendre.

Grâce à eux, j'ai pu mieux assurer mon jugement et me reconnaître au milieu de cet océan de sujets, si contradictoires en apparence et reliés pourtant de si intime façon.

Jeune, on devient meilleur au contact des personnages plus âgés et plus expérimentés. Vieux, on se maintient par la fréquentation des jeunes.

En science sociale, rien n'étonne, tout instruit.

La vie n'est qu'une accumulation d'expériences volontaires ou involontaires.

Nous n'arrivons à pouvoir synthétiser qu'après avoir parcouru les plus belles années de notre existence.

Si jeunesse savait, si vieillesse pouvait, dit le dicton populaire.

En science d'application, il en est de même. On commence à savoir au moment où l'on éprouve certaines difficultés à agir, où nos cellules cérébrales épuisées ne sont plus actionnées aussi vivement par nos sensations, où nous sommes envahis par l'habitude.

Comme le disait dernièrement l'éminent député de l'Aube, M. Casimir-Périer, dans son rapport au Ministère de la guerre, à propos des effectifs de la cavalerie (1) :

« Une réforme est toujours une utopie aux yeux de tous ceux dont elle trouble les habitudes. »

M. de Freycinet, dans sa *Guerre en province*, disait également :

« Il faut rétablir au plus tôt dans nos armées la loi du travail. Il faut remettre en honneur ce grand principe que le savoir fait la dignité et la force du commandement. Il faut que désormais l'avancement soit accordé, non plus au plus protégé ou au plus âgé, mais au plus digne.

« Il faut rompre résolument avec l'esprit et les traditions du passé. Il faut introduire la loi du progrès, là où les préjugés et la routine n'ont que trop régné. L'armée n'est pas une caste dans l'État. L'armée est nationale. »

D'après von der Goltz, dans sa *Nation armée :*

« Quiconque écrit sur la stratégie et la tactique ne doit pas négliger le point de vue spécial de son peuple. Il faut qu'il donne une stratégie et une tactique nationale. De cette façon seu-

(1) *Les effectifs de la cavalerie et l'administration de la remonte.* Baudoin, 1890.

lement, il rendra un véritable service à son pays. »

Récemment, à Berlin, dans une conférence (1) à laquelle assistaient les grands chefs, un officier supérieur disait, à propos des nouvelles tactiques qui s'imposent : « Il y a toujours dans l'homme une certaine inertie, plutôt psychologique que physique, qui le retient dans la routine. Des princes éclairés et des hommes de guerre illustres ont toujours regardé comme un devoir d'ordre supérieur d'aplanir le chemin aux idées neuves et aux nouvelles méthodes, lorsqu'elles étaient reconnues utiles, sans se préoccuper du concert de récriminations de ceux qui attendent uniquement le salut, du vieux, du connu et du vécu. »

Sous le bénéfice de ces opinions autorisées, j'ai cru pouvoir aborder l'étude des problèmes si délicats et si complexes de la stratégie et de la tactique. Tout y incite, les découvertes survenues, le perfectionnement des armes et des munitions de guerre, les travaux militaires publiés journellement à l'étranger.

L'avantage appartiendra au plus chercheur, au plus travailleur. La vraie guerre, c'est celle de la paix. Elle prépare l'autre.

Sur ce vaste échiquier, qu'on appelle le ter-

(1) *Conférence militaire sur la nouvelle tactique*, par le major Keim. Berlin, 1890.

ritoire national, nous tous, membres disciplinés de la grande *silencieuse*, nous occupons, en vertu de l'ordre reçu, les positions les plus diverses. Rien de plus naturel, rien de plus juste. Nous ne pouvons réclamer une guerre tout exprès, pour faire montre de nos capacités. Nous ne pouvons avoir la prétention de nous trouver tous dans la capitale, au point initial, pour y prendre part à la direction du mouvement dont nous subissons les effets. Mais, de près comme de loin, nous conservons la faculté de penser et de travailler.

L'opinion, c'est le champ de bataille du temps de paix. Le livre en est l'intrument de combat le plus puissant. Par lui seul nous avons appris, par lui seul nous apprendrons. Pour nous autres officiers, il reste le trait d'union entre deux pensées, séparées par l'espace, divisées peut-être par les milieux et par les opinions, mais unies toujours par la même affection suprême, *celle de la patrie française*.

CHAPITRE II

DE LA TACTIQUE MILITAIRE

SA DÉFINITION

Le mot est d'origine grecque (1). Il a fait son apparition en France, sous Richelieu ; mais longtemps encore, il reste dans le domaine spéculatif (2). Il ne figure ni dans le règlement de 1791, ni dans l'ordonnance de 1831.

Ses définitions sont nombreuses. En voici quelques-unes :

D'après l'*Encyclopédie*, « la tactique est l'art

(1) Le premier écrit sur la tactique paraît être celui d'Ælianus : *Tactica*, 70 de l'ère chrétienne.

Le logos taktikos è techné taktiké, d'Arrien, est de 110.

(2) Voici dans leur ordre d'apparition, les ouvrages parus sur la tactique :

Éléments de tactique, par Leblond, 1758, Paris.

Traité de tactique, par Maizeroy, 1761, Paris.

Recherches sur les principes généraux de la tactique, par Keralio, 1769, Paris.

Essai général de tactique, par Guibert, 1778.

Traité de grande tactique, par Jomini, 1805, etc.

des évolutions par corps. » Or, que sont ces évolutions? Où commencent-elles? Où finissent-elles? L'*Encyclopédie* n'en dit mot.

Paul-Louis Courrier n'est pas plus explicite. Il ne voit en l'affaire que des hommes et des alignements. Il en est resté à ses auteurs favoris de la Grèce antique. Pour lui : « La tactique est l'art de ranger des soldats selon certaines règles pour donner des batailles. »

Le dictionnaire Larousse est tout aussi défectueux. « C'est, y lit-on, l'art de ranger et de disposer les troupes. »

Le maréchal Marmont est également incomplet avec « sa science d'application des manœuvres ».

M. de Jomini y voit « l'art d'engager les masses ». Ainsi, pas de masses, pas de tactique.

De Bulow, l'archiduc Charles, Blume, le général Lewal évitent ces banalités.

De Bulow en fait « la science des mouvements en présence et à portée de l'ennemi ; une opération mécanique et le complément de la stratégie ».

L'archiduc y voit « un art enseignant le mode d'après lequel les grands projets doivent être mis à exécution et les combats menés sur un terrain donné ».

Selon Blume, « la tactique a trait à l'emploi des forces au combat et à la réglementation de leur activité en vue du combat. »

D'après le général Lewal, « elle comprend tous les procédés d'après lesquels on met à exécution une conception militaire, quelle qu'elle soit. La tactique est la partie exécutive de la science de la guerre.

« L'étude de la tactique doit précéder celle de la stratégie. Il est très important d'insister sur la partie exécutive, sur la science du détail, parce qu'il y a propension en France à la négliger et à lui préférer les grandes combinaisons. »

Cette fois, nous nous trouvons en présence d'argumentations d'ordre plus élevé. On signale le fait humain. On entrevoit le phénomène, mais on ne distingue ni sa complexité, ni la nécessité de cette complexité. Le cas n'a rien de surprenant.

Malgré eux, par suggestion d'école, les auteurs restent sous l'influence du mot et de son origine. L'*Académie*, dans sa définition de la tactique au figuré, a été plus heureuse.

D'après elle, *la tactique est la combinaison des moyens préparés pour amener un résultat voulu.*

Rien de plus exact.

En guerre, le *résultat voulu, le but*, c'est le gain d'une bataille terrestre ou navale, la prise d'une place, en un mot, l'annihilation des forces de l'adversaire.

Pour les moyens, ce sont des hommes, un matériel mis entre les mains de ces hommes, le tout se mouvant sur une surface du globe donnée.

La tactique militaire constitue donc l'ensemble des dispositions aptes à régler l'emploi judicieux des hommes, des moyens et des milieux dans un but immédiat donné.

Ces quatre termes sont nécessaires. L'absence de l'un d'eux rendrait toute tactique impossible.

En effet, on ne se bat pas dans le vide; donc le milieu s'impose.

Sans armes, sans munitions, sans vivres, sans moyens enfin, les hommes ne sauraient ni attaquer ni se défendre.

Sans hommes sur la terre, les armes seraient sans utilité. Sans but, la tactique n'a plus d'objet.

On ne peut donc songer à faire de la tactique militaire, avant d'avoir procédé à la juxtaposition, à l'agencement de ces quatre termes.

Cette définition est logique.

Elle répond en effet à celle de la science de la guerre, de la science de l'État, dont elle émane, et dont nous venons d'indiquer les conditions d'être dans le chapitre précédent. Elle en a les mêmes éléments primordiaux, hommes, moyens, milieux; les mêmes principes, unité, simplicité, homogénéité, et un objectif du même ordre.

Elle nous permet enfin de bien fixer les délimitations et l'action de la tactique militaire.

Celle-ci est *passive* ou *active*.

Elle est passive en temps de paix.

Dans cette période, elle répond uniquement aux combinaisons fixées par les règlements, sans possibilité de voir les actes se modifier sous l'influence des circonstances, du feu et du danger.

Elle a son point initial à l'instant précis où les troupes et les services exécutent en terrain varié les opérations apprises, soit dans les règlements, soit au champ de manœuvre, en un mot au moment où l'on fait du service en campagne.

L'instruction donnée au préalable est une simple préparation de l'homme, en vue de la tactique.

De passive, celle-ci devient active, en temps de guerre.

Elle commence à l'heure où les troupes et les services sortent de l'ordre de route, cet instrument primordial de la stratégie, pour prendre une formation de rassemblement, de stationnement ou de préparation au combat.

Prenons des exemples.

En 1870, les troupes composant le cinquième corps français, celui du général de Failly, arrivent par trains successifs à Bitche. Au fur et à mesure de leur descente du chemin de fer, elles se rendent aux environs de la petite place pour y prendre un dispositif particulier de stationnement, habituellement employé alors en Algérie. Leur transport à Bitche répond à une opération stratégique, leur installation autour de Bitche est une opération tactique.

Le 10 août 1870, à la bataille de Saint-Privat, l'armée prussienne continue, en présence des forces françaises inertes, le mouvement esquissé le 16. Les corps qui la composent, font successivement sur la droite en bataille, en commençant par les 7e, 8e et 3e corps.

Cette opération correspond également à deux phases bien distinctes. Pendant la première, les corps se dirigent par des chemins différents, chacun, vers un point déterminé. Pendant la seconde, ces mêmes corps déboîtent au point désigné pour faire face à l'armée française et prendre des dispositions spéciales, en vue de l'attaque. La première est d'ordre stratégique, la seconde est du ressort de la tactique.

Mobilité de la tactique militaire. — La tactique n'a rien d'immuable dans ses applications.

D'après Bonaparte, « il faut changer de tactique tous les dix ans, si l'on veut conserver quelque supériorité. »

Le général Lewal émet la même opinion : « Fatalement, dit-il, la tactique doit se transformer d'âge en âge et à des époques relativement très rapprochées.

« C'est un enfantement incessant. On peut

déplorer ces mutations perpétuelles, mais on saurait s'y soustraire ; c'est la loi moderne. Il serait mieux de se placer à sa tête et de le diriger. En tactique, il ne suffit pas d'imiter, de se tenir à hauteur des autres, de copier servilement des instructions, il faut innover. »

K. von K..., l'officier d'état-major allemand, l'auteur de la brochure : *Comment attaquerons-nous dans la prochaine guerre ?* montre le chemin fait par cette idée de l'autre côté du Rhin.

A son avis « on doit changer de tactique tous les deux ou trois ans, par nécessité de défense et pour surprendre l'ennemi.

« A l'heure actuelle, ajoute-t-il, nous ne pouvons plus compter, à coup sûr, sur notre supériorité en hommes et en armement. Il n'y a qu'une supériorité qu'il dépende de nous de nous assurer, c'est celle de la tactique, et la tactique doit être adaptée aux conditions de l'armement.

« Or, ces conditions ont changé chez l'adversaire ; nous devrons bientôt faire comme lui. Il est temps d'étudier les effets que le nouvel armement doit avoir sur la tactique du combat, particulièrement sur la manière de conduire le troupes au combat. »

Ces assertions sont d'une vérité mathématique. Elles sont en accord avec les principes modernes de la science de la guerre, avec l'évolution constante des hommes et des choses.

Il est aisé de s'en rendre compte.

Des quatre éléments obligatoires de la tactique, l'homme, les moyens, le milieu, le but, aucun n'est fixe.

L'aptitude de l'homme à la guerre est aujourd'hui le résultat d'un dressage physique, moral et mécanique.

Si dans le contingent présenté annuellement au conseil de revision, tous les jeunes gens étaient d'une taille au-dessus de un mètre soixante-dix et musclés en proportion, il en résulterait un réel avantage au point de vue des effectifs et de la vigueur nécessaire pour supporter les fatigues de la guerre.

Si ces mêmes hommes avaient en plus l'habitude des exercices de gymnastique, du cheval, de la marche, du tir, ils seraient individuellement supérieurs à leurs concurrents.

Si tous connaissaient la langue nationale, s'ils savaient lire, écrire, de manière à pouvoir se rendre compte de l'ordre à exécuter ou à porter; si tous avaient une notion de l'idée de patrie, de leurs devoirs envers elle; si tous enfin, en raison de leur situation respective, savaient leur métier et leur emploi, la tactique approcherait de la perfection.

Mais il n'en est pas ainsi. La taille, la musculature, la préparation physique, morale et militaire, varient avec les climats et les occupations. De la divergence dans les conditions d'être du premier facteur, résulte nécessairement la mobilité de l'équation et dès lors on peut en déduire cette loi : *A égalité de moyens et de milieux, la supériorité tactique appartient à la race la plus belle, à la nation la mieux instruite moralement, physiquement et militairement.*

L'armement, le matériel, etc., en un mot, les moyens mis à la disposition de l'homme pour attaquer et se défendre, constituent le deuxième facteur de la tactique. Celui-ci exerce également une action déterminante sur l'action finale. Le fait se comprend facilement. Sans munitions, sans armes, sans vivres, une armée si bien préparée soit-elle, est impuissante.

L'homme le plus fort ayant un simple fusil de chasse se trouvera toujours dans une situation réelle d'infériorité vis-à-vis d'un adversaire, fût-il malingre, mais possédant une arme de petit calibre et à répétition.

Les changements survenus dans la portée des engins de guerre, dans la poudre, sont autant d'éléments de modification profonde dans les règles à déterminer.

Phalanges et légions seraient quelque peu embarrassées de leurs mouvements, si elles se trouvaient en présence de nos bataillons de chasseurs à pied.

A Rocroy, le champ de bataille avait deux

kilomètres d'étendue. MM. les gardes de la compagnie du prince de Condé, leur jeune chef en tête, se tenaient immobiles à trente pas de leurs adversaires, avant d'avoir l'honneur de charger. M. de Gassion passait tranquillement avec ses escadrons en arrière de la ligne d'infanterie ennemie, pour y prendre en queue l'aile droite espagnole victorieuse, la mettre en déroute et lui faire, entre autres prisonniers, celui qui devait être M. de Montecuculli.

A Castiglione, Lasalle aimait escadronner à trois cents mètres à peine du front ennemi. Il lui arrivait journellement de traverser les avant-postes autrichiens pour accomplir quelque gaillarde aventure.

A Marengo, le général Desaix était tué à deux cents mètres de distance des tirailleurs, et l'on trouvait le fait surprenant.

De nos jours, ces belles chevauchées seraient sévèrement critiquées. Elles seraient d'ailleurs impossibles.

Du reste, il n'est guère besoin de remonter si loin dans le passé. Les procédés tactiques employés en 1870 n'auront aucune analogie avec ceux applicables lors de la prochaine guerre.

Les découvertes nouvelles, explosifs, téléphone, optique, photographie, ballons, vélocipèdes, etc.... tout est appelé à exercer son action transformatrice sur le résultat possible.

Les travaux continuels des concurrents auront une part tout aussi importante.

On peut même en déduire cette deuxième loi : *A effectifs égaux et sur un terrain identique pour les deux adversaires, la supériorité tactique revient à celui qui possède les moyens les plus perfectionnés.*

Le troisième terme de l'équation, la configuration du sol, le milieu, a aussi son influence sur la solution du problème.

Il est de toute évidence, en effet, que la guerre, ne se fera pas de la même façon en montagne qu'en plaine, en Allemagne qu'au Dahomey, dans les sables du sud de l'Algérie que dans le Delta tonkinois.

D'autre part, avec les masses modernes, avec la portée actuelle des armes, avec la poudre sans fumée, etc., le terrain est destiné à prendre une valeur de plus en plus grande.

On peut donc admettre cette troisième loi : *A effectifs et moyens égaux, la supériorité tactique sera à celui des deux concurrents possédant le mieux la connaissance et le sentiment du terrain.*

Le quatrième terme est le but, l'idée.

Pour la tactique, ce but est immédiat.

Il est imposé ou subi.

Le 24 juin 1859, le maréchal Baraguey d'Hilliers, suivi de son état-major, se rendait de Castiglione à Solférino. Il comptait y prendre ses quartiers. Tout à coup, il se trouve arrêté par des coups de fusils pointillant en blanc le fond brumeux de l'horizon. Il était quatre heures vingt minutes du matin. On s'arrête, on court chercher le dix-septième bataillon de chasseurs à pied. Le sifflement des balles s'accentue. Quelques minutes plus tard, le canon se fait entendre sur la droite. Le corps Niel venait de s'engager à Médolé.

« Messieurs, c'est une grande bataille qui commence, » dit le maréchal, en se retournant vers ses officiers.

Cette journée devait, en effet, prendre un nom, celui trouvé dans les sacoches du maréchal Schlick, celui de bataille de Solférino.

Pendant la nuit, nos adversaires avaient passé le Mincio et occupé les positions dont ils avaient une connaissance parfaite, grâce à des manœuvres annuelles exécutées dans ces parages. Les forces françaises allaient donc, sans le savoir, se heurter aux masses ennemis.

L'empereur d'Autriche et son chef d'état-major poursuivaient un but tactique, celui de la défensive, celui de contraindre l'armée française à une action désavantageuse. Celle-ci en avait un autre, l'offensive à tout prix. Mais il y avait aussi deux buts moraux différents en présence. L'Autriche conservait l'espoir de perpétuer contre tout droit l'autorité allemande sur des provinces latines. La France voulait achever la délivrance de la nation sœur, l'Italie. A égalité de moyens, celle-ci devait donc l'emporter sur l'autre.

En résumé, à Solférino, il y a eu rencontre imposée et subie, lutte de deux idées, de deux buts inégaux, l'un autoritaire, l'autre national.

Le même fait s'est passé en 1870. En France, la guerre était déclarée sans but bien défini. En Allemagne, au contraire, on avait su la représenter comme imposée, comme nationale, comme répondant à des aspirations d'unité sociale.

Si une nouvelle lutte survenait entre les deux puissances, la valeur des deux buts serait renversée. En France, le conflit revêtirait toujours un caractère éminemment national. En Allemagne, il représenterait, malgré tout, une idée de coercition.

Mais parfois aussi le but n'existe même pas. Il en résulte alors un état d'infériorité pour le défaillant.

C'est le cas, en 1870. A Gravelotte, à Saint-Privat, comme nous aurons l'occasion de le voir en détail, il y a bien, du côté français, des soldats braves, des moyens nombreux et un terrain convenable, mais le quatrième terme de l'équation, l'idée, n'y est pas, ou s'il y en a une, elle est étrangère à l'armée.

On est donc en droit de dire : *A effectifs,*

moyens et terrain de valeur égale, la supériorité tactique reste à celui des deux concurrents ayant une idée, un but bien déterminé et d'un ordre social plus élevé.

En résumé, des facteurs composant la tactique, aucun n'est stable et uniforme, à proprement parler. On peut en déduire la mobilité constante de l'ensemble, et cette définition scientifique : « *La tactique est fonction de quatre forces essentiellement variables : l'homme, les moyens, les milieux et le but.* »

Variété des tactiques. — S'il y a mobilité dans la manière d'envisager la tactique, y a-t-il plusieurs sortes de tactiques ? Le fait paraît indéniable.

Il y a autant de tactiques que de combinaisons possibles des éléments divers entrant dans la formule. Le groupement des hommes dans les différentes armes fournit également des conditions de divergence.

La tactique d'infanterie variera suivant que cette arme agira seule, qu'elle sera secondée par une ou plusieurs autres, ou attaquée par une ou plusieurs autres.

Ce qui est vrai pour l'infanterie l'est pour les autres armes.

Cela est également vrai pour les services.

Ce dernier fait paraît n'avoir pas été suffisamment observé jusqu'ici. Or, en temps de guerre, chaque service a sa place, sa formation pendant la marche, le cantonnement et le combat, en vue de l'attaque ou de la défense.

Groupés, agglutinés ensemble, armes et services sont soumis aux règles d'une tactique supérieure. Celle-ci a un nom : *la tactique générale.*

En définitive, on peut affirmer le caractère variable de la tactique.

Quelques exemples suffiront pour bien s'en rendre compte.

Au sortir de l'école d'état-major, je me trouvais faire mon stage d'infanterie, en Algérie, à Sétif, au 71e de l'arme, commandé par M. de Margadel. Un mouvement éclata en Kabylie. Une colonne est formée. Elle se compose de toutes armes. Le colonel en a la direction. Je suis appelé à remplir les fonctions de chef d'état-major. Or, j'ai la tête bourrée des vieilles formules du service en campagne en Europe. De l'Afrique et de la tactique à employer, je ne sais rien. J'aurais été bien embarrassé, si je n'avais eu la bonne fortune d'avoir en communication un aide-mémoire manuscrit rédigé pour lui-même par le capitaine d'état-major Lebrun, devenu le général Lebrun.

Depuis lors, j'ai eu maintes fois l'occasion de voir se renouveler les mêmes errements. A propos de l'expédition de Kabylie, une division entière, celle du général Renaut, fut envoyée directement de Lyon à Tizi-Ouzou. Tous, officiers et soldats, n'avaient aucune idée de la nouvelle tactique à employer et s'y montraient les plus empruntés du monde, au grand ébaudissement des *lascars* algériens.

Pendant l'expédition en Tunisie, des fautes identiques se sont reproduites.

Le fait n'a rien d'extraordinaire. Sous la pression de la nécessité, le meilleur et le plus terrible des guides, les troupes venues en Algérie, depuis la conquête, avaient dû modifier successivement leur ordre de marche, leur campement, leur mode d'attaque et de défense, leur hygiène, leur habillement, etc... Il en était résulté une sorte de procédé spécial, de tactique particulière, peut-être bonne pour l'Afrique, mais appelée par action réflexe à exercer son influence sur la conduite de la guerre en Europe.

Au début de la campagne d'Italie en 1859, j'appartenais au troisième régiment de chasseurs d'Afrique, division Desvaux, composée des trois régiments de chasseurs et du cinquième hussards. Cette brave division, en apparence fort mobile, ne l'était nullement. Pour ma part, je possédais trois chevaux, un mulet, et j'avais droit en outre à la moitié d'une voiture de réquisition. Il en était de même pour tous, et en proportion du grade. En marche, la longueur de la colonne dépassait quatre kilomètres ; celle des bagages en avait cinq. Bagages et troupes ne se quittaient jamais. Il fallait environ deux heures pour l'écoulement du tout sur une route. Notre rencontre devenait un effroi pour les corps dont nous arrêtions le mouvement.

La division d'infanterie Decaen était uniquement composée de troupes venant d'Afrique. Le matin de la bataille de Solférino, au moment de faire son premier déploiement, le général, fort avisé, réunit ses chefs de corps. En quelques phrases énergiques, il les prévint de ce qu'il attendait d'eux et les mit en sérieuse garde contre leurs habitudes algériennes. Le résultat de cette précaution fut remarquable. Les troupes bien entraînées firent merveille.

Avec les guerres de Chine et du Mexique malheureusement, ces accoutumances exotiques s'étaient peu à peu imposées à tous les degrés de la hiérarchie militaire. La longueur du séjour en ces contrées, les brillants succès remportés, les avancements rapides obtenus, avaient fait le reste. Il en était résulté un état d'esprit spécial, indéfinissable, tout à fait inconscient, qu'on peut résumer par ce mot : *nous pensions et nous agissions en turcos*.

En 1870, c'est donc en réalité la tactique algérienne qui s'est trouvée aux prises avec la vieille tactique européenne. Mais les méthodes de stationnement, de marche et de combat, les adversaires, le sol lui-même, tout était changé. Les conséquences, on les connaît. Je n'insisterai pas.

CHAPITRE III

TACTIQUE D'INFANTERIE

D'après Clausewitz, « l'infanterie est l'arme principale. Les deux autres lui sont subordonnées.

« En déployant une grande activité et une grande habileté dans la conduite d'une guerre, on peut obvier en quelque sorte au manque de cavalerie et d'artillerie, en admettant toutefois que l'on soit d'autant plus fort en infanterie.

« En résumé, l'infanterie a le plus, la cavalerie le moins. »

Le général Lewal est du même avis : « C'est, dit-il, une faute très grave depuis longtemps en France, de ne pas soigner l'infanterie. Dans les conditions de la guerre moderne, j'estime que le rôle le plus difficile, la mission la plus délicate, appartient à l'officier d'infanterie. »

Ces opinions paraissent correctes.

L'infanterie est l'arme la plus aisée à équiper et à instruire. Elle est la plus maniable. Elle passe partout. L'eau seule et les pentes sont pour elle des obstacles réels, encore faut-il une certaine pente ou une certaine profondeur d'eau (1).

Le feu de l'infanterie est instantané. Aussi, à partir de quinze cents mètres, son effet moral est-il supérieur à celui de l'artillerie. Cet avantage, elle le doit à la multiplicité de ses coups.

Son action est plus rapprochée, plus précise que celle des autres armes. Son but est donc plus immédiat.

La supériorité de sa tactique en découle. Autour de cette tactique en effet pivotent celles des autres armes. Elle en est la base. Elle leur sert de liaison.

Sa définition est simple.

Elle constitue *l'ensemble des dispositions aptes à régler l'emploi judicieux du fantassin, du fusil Lebel et du milieu, en vue de l'attaque ou de la défense.*

Le combat est offensif ou défensif.

Des moyens nécessaires à l'homme d'infanterie pour remplir sa mission, le plus important c'est le fusil. Or, cette arme avec son calibre réduit, sa poudre sans fumée, sa grande

(1) Au delà de dix degrés de pente, l'infanterie ne peut plus se mouvoir tactiquement, en bataille ou en colonne. Au delà de vingt-cinq degrés, le fantassin est obligé de faire usage de ses mains pour avancer.

portée, vient d'atteindre un degré de perfectionnement inattendu.

Je n'indiquerai pas les qualités balistiques du fusil Lebel. Elles ont fait le tour de toutes les *Revues*, de tous les journaux. Elles ont été le point de départ immédiat de transformations analogues chez toutes les puissances soucieuses de leur intégrité.

Elles ont bouleversé toutes les imaginations, dérangé toutes les conceptions routinières.

En 1882, Von der Goltz disait déjà avec une vraie prescience : « Si l'on réussissait à trouver une force motrice agissant sur les projectiles sans détonation et sans fumée, et produisant quand même un effet égal, la manière de combattre en serait instantanément changée, au point qu'il nous est impossible de nous en faire dès maintenant une idée exacte.

« Dans de telles conditions, une troupe numériquement faible pourra à l'avenir obliger un ennemi plus fort à concentrer continuellement des moyens beaucoup plus puissants et l'user.

« Elle pourra l'induire en erreur.

« La prise du contact deviendra plus difficile.

« Les reconnaissances seront plus malaisées à exécuter. »

Nous n'avons pas encore la poudre sans bruit, mais ce dont nous sommes détenteurs suffit pour tout changer.

Les règles de tactique sont en effet liées aux modifications de l'arme mise entre les mains de l'homme à pied. L'histoire de l'une est l'histoire de l'autre.

A la fin du dix-septième siècle, le fusil fait son apparition officielle dans l'armée française. Il s'ensuit une nouvelle tactique et de nouveaux règlements, au mois de mai 1702. Et depuis lors, que de changements! Le fusil modèle 1842 est remplacée en 1857 par une arme rayée de dix-sept millimètres cinq. Le chargement se fait par la culasse, avec une balle d'un effet encore efficace à six cents mètres. Des modifications dans les formations tactiques de l'arme en sont la conséquence. Le règlement sur les manœuvres de 1862 les consacre. La formation sur trois rangs est condamnée. Celle sur deux la remplace, pour les raisons suivantes : possibilité d'avoir un feu plus intense, plus rapide et avec moins de monde, extension du front de combat et difficulté concordante des mouvements tournants.

En 1866, on adopte un nouveau fusil de onze millimètres, le *chassepot*, se chargeant par la culasse. Trois ans plus tard, paraît le règlement qui fixe le service des tirailleurs.

D'après les prescriptions ministérielles, la portée, la justesse et la rapidité du tir deviennent les éléments de la supériorité des armes nouvelles sur les anciennes.

« La justesse et la rapidité du tir jouent un rôle différent selon les circonstances dans lesquelles on exécute les feux. Dans les feux à rangs serrés, et surtout dans les feux à volonté, qu'on fait généralement contre des troupes déployées ou en colonne, c'est la rapidité du tir autant que la justesse qui fait la valeur du feu, parce que, après la première décharge, l'adresse des tireurs est en quelque sorte paralysée par la fumée qui ne permet plus de distinguer l'ennemi. »

« Dans les feux de tirailleurs, au contraire, où le soldat peut toujours viser le but à atteindre, c'est la justesse bien plus que la rapidité qui constitue l'efficacité du tir; le fusil nouveau devient alors une arme extrêmement redoutable entre les mains du tireur adroit, qui a du calme, du sang-froid, et qui sait profiter avec intelligence des accidents du terrain pour se mettre à l'abri des coups de l'ennemi.

« Toutes les opérations de guerre que l'on peut faire avec des tirailleurs peuvent se résumer dans les opérations suivantes :

« 1° Occuper et défendre une position;

« 2° Marcher en avant;

« 3° Attaquer une position garnie de tirailleurs;

« 4° Marcher en retraite;

« 5° Flanquer une colonne. »

Les événements de la guerre et les leçons

d'une dure expérience donnèrent lieu à de nouvelles indications, ainsi qu'à d'autres instructions, celles du 12 juin 1875.

On y posait, comme principes : « L'importance prépondérante du feu comme mode d'action ;

« L'impossibilité, pour une troupe d'infanterie d'un effectif un peu considérable, de se mouvoir et de combattre en ordre serré dans la zone efficace du feu ennemi, soit en ligne, soit en colonne ;

« La nécessité conséquente de fractionner les troupes en première ligne et d'adopter pour elle le mode d'action en ordre dispersé ;

« La translation forcée du combat sur la ligne de tirailleurs. »

Mais ce n'était encore là que du transitoire. En 1884 et 1889 survenaient d'autres méthodes tout aussi provisoires. En résumé, depuis 1862, cinq règlements de manœuvres d'infanterie avaient vu le jour.

En présence de cette mobilité de l'instruction, on est donc en droit de dire :

La valeur de l'infanterie est en raison de celle de son arme.

L'homme, son choix, son équipement, son instruction, son moral, sont subordonnés à l'arme dont cet homme doit faire usage. Ils en sont fonction directe.

Le sol, le milieu, ce deuxième terme de l'équation tactique de l'infanterie a également son importance. Il en a une toute particulière au point de vue du recrutement du fantassin et de son emploi.

Le fait est aisément compréhensible.

Tout conscrit n'est pas conformé pour devenir un Alpin.

Tout individu n'est pas constitué pour faire campagne au Tonkin, au Cambodge ou au Sénégal.

L'arme, la portée du projectile et la poudre sans fumée ont également leur action réflexe sur l'utilisation possible du sol, en vue du combat. En effet, plus la trajectoire est tendue, le tir rapide, la fumée minime, plus le terrain entre comme facteur sérieux dans le problème final. Dans le combat, chaque motte de terre a sa valeur. Le choix et la compréhension de la clef de la position sont pour le chef le point capital de l'action. L'étude de la topographie pratique devient dès lors l'une des parties essentielles de l'instruction de l'infanterie.

En résumé, *de deux troupes d'infanterie adverses ayant la même arme, les mêmes effectifs et un but identique, le succès reviendra à celle d'entre elles possédant le mieux le sentiment du terrain.*

Mais cette perfection de plus en plus grande de l'armement, cet accroissement continu de l'importance du sol, entraînent des modifications conséquentes dans l'adaptation de l'homme à ce rôle particulier.

Si la portée du fusil est très étendue, si la connaissance du terrain s'impose davantage, le choix d'un soldat possédant une bonne vue se trouve être de plus en plus nécessaire. Si l'arme est délicate et à répétition, il faut également un soldat plus instruit, plus calme et moins susceptible d'énervement.

Si les effets destructeurs sont plus grands, il faut équiper cet homme, l'organiser, l'agencer, de manière à le rendre moins vulnérable. Il faut enfin affermir son moral par une préparation spéciale.

Or, toutes ces qualités sont complexes et d'autant plus difficiles à obtenir que le nombre des hommes est plus grand et le temps, employé à l'instruction, moindre.

Le choix se fait tout d'abord au conseil de revision. L'œil et le pied en sont le *critérium*. Ils deviennent l'objet de l'attention toute particulière des médecins et des commandants de recrutement en vue de la répartition possible. La raison en est simple. Avec l'œil, on vise ; avec le pied, on marche. Tout le rôle du fantassin est là.

Mais l'homme, une fois incorporé, il faut l'habiller. Cet habillement n'est pas soumis aux caprices de la mode et du hasard. Il doit satisfaire à des nécessités données, la marche et la soustraction aux inconvénients du feu. En un mot, la couleur devrait être la moins voyante à distance et le costume, commode pour la marche et le repos. Enfin celui-ci devrait être *uniforme* pour toute l'infanterie, afin de n'être pas un indicateur pour l'adversaire, une cause d'erreurs pour les camarades, un accroissement de dépenses, par suite des approvisionnements à constituer.

Il importe de se bien pénétrer de cette relativité. Plus l'arme est délicate, le tir aisément rapide, plus les soldats sont enclins à en faire un usage dangereux. Et ce danger augmente avec la précision actuelle et des masses composées d'hommes n'ayant pas eu peut-être l'occasion de connaître tous les uniformes.

A propos de ces confusions et de ces paniques, le général Thoumas disait dernièrement :

« Qu'on se rappelle les lanciers de la garde impériale si fortement malmenés par les dragons français à la grande charge de Mars-la-Tour, le 16 août 1870 ! Qu'on demande aux officiers qui ont fait la guerre en 1870 et 1871 combien de fois ils ont été embarrassés à la vue des bataillons de chasseurs à pied, et combien de fois il est arrivé à ces bataillons de recevoir des balles intentionnellement destinées aux Allemands ! Si à la bataille de Coulmiers les francs-tireurs du lieutenant-colonel Lippowski avaient porté le costume de l'infanterie française, le général Peyan, commandant la cavalerie, ne les aurait pas pris pour une troupe allemande, lorsqu'ils arrivaient en colonne par la route de Châteaudun, il n'aurait pas malencontreusement battu en retraite, et le corps bavarois cerné aurait été, en grande partie du moins, fait prisonnier.

« Ayons donc, avant tout, dussions-nous garder le pantalon garance, une tenue militaire bien caractérisée. »

Le général Thoumas a raison. Ces erreurs, j'ai eu l'occasion d'en constater personnellement les effets. J'ai toujours présent à la mémoire, ce héros modeste, le capitaine Avril, venant se faire abîmer sous Paris par des soldats français, en revenant d'une reconnaissance, après avoir échappé aux balles des vedettes prussiennes dont il faisait régulièrement la cueillette autour de Metz.

Faut-il en conclure à l'obligation de tout changer?

Dans la marine, l'amiral Dupetit-Thouars a fait adopter une modification de ce genre pour le matériel. Presque tous nos cuirassés ont maintenant une couleur uniforme, celle de la toile mouillée. En fait, cette modification est avantageuse. Les bâtiments échappent facilement à la vue. Mais, à dire vrai, je ne partage pas cette manière de faire pour l'armée, et cela, pour trois raisons, la question du budget, l'inutilité de cette réforme et l'effet moral.

Il n'est pas besoin d'insister sur le motif financier. Avec des approvisionnements dont l'écoulement exigerait une vingtaine d'années, on comprend la prudence avec laquelle on doit procéder en semblable matière. D'ailleurs, au bout de quinze jours de campagne, les pantalons rouges et les aciers auront pris une teinte spéciale, indéfinissable, sans inconvénients trop réels pour le porteur.

Au point de vue moral, la couleur a également son importance. Elle exerce son action réflexe sur l'adversaire. Elle l'hypnotise. Cet effet, l'infanterie française l'a obtenu sans conteste pendant de longues années. Elle saura le reprendre. La lutte de 1870 a été une surprise, un mauvais rêve, un cauchemar, les suites d'une erreur de jugement. Il y a eu mal donne, voilà tout.

Il est pourtant un point sur lequel on paraît en droit d'insister, l'inconvénient de la diversité des uniformes d'infanterie, cause de tant de méprises. Tout au moins le fantassin doit pouvoir reconnaître partout un camarade, un collègue.

La coiffure mérite également notre attention. Le képi a été inventé pour les besoins de cette tactique africaine, dont les effets nous ont été si pernicieux. Il est incommode en Europe. Or, en raison de cette uniformité si nécessaire, si bien défendue par le général Thoumas, ne serait-il pas possible de le remplacer par le béret? On vient d'en doter les Alpins, c'est fort bien. Mais en guerre, lorsque les fantassins français auront peut-être à repousser leurs anciens compagnons d'armes de Palestro, il n'y aura pas que les Alpins dans les montagnes du Piémont. Il en résultera des différences de coiffures et des méprises toujours dangereuses en montagne, où l'on agit par petits paquets, au milieu d'un brouillard souvent intense. Il en résultera également pour l'adversaire des indications précieuses sur la nature des troupes qu'il a devant lui.

Ces deux observations, toutes de métier, me paraissent pouvoir être prises en considération par les membres du Conseil supérieur de la guerre. La dépense à engager n'est pas excessive. On peut achever en temps de paix l'usure des parties de vêtement à changer et ne constituer les nouveaux types que pour le temps de guerre.

Une fois l'homme choisi, incorporé, habillé, il faut l'instruire.

Cette instruction est de deux sortes, l'une préventive, l'autre technique. La première est donnée à la commune. Elle est purement civique. Elle doit être aussi complète que possible, en vue du développement moral et physique du soldat. Toute négligence sur ce point a sa répercussion fatale sur l'homme de guerre.

L'instruction technique commence au moment de l'incorporation. Elle dure les trois ans que l'homme reste sous les drapeaux. Elle est soumise à quatre conditions primordiales, de temps, de marche, d'arme et de devoir militaire.

Je dis, le temps; celui-ci est en effet l'unique régulateur du travail journalier. Son exiguïté implique l'abandon de toutes les petites instructions fantaisistes, dont l'application faisait autrefois l'admiration des spécialistes.

La marche constitue le moyen de transport du fantassin. Personne n'a le droit de s'y soustraire, et chacun sur son livret doit conserver la trace de son passage à tous les degrés de cet exercice si nécessaire.

Le maniement du fusil et son usage forment la troisième partie de l'instruction. Ils augmentent son moral. Un tireur habile aura presque toujours plus d'énergie qu'un maladroit.

L'homme doit donc s'identifier avec son arme. Les bons tireurs doivent faire l'objet d'une sélection attentive. Dans ce but, ces derniers pourraient posséder une marque distincte apparente. Sous le nom de *tireurs d'élite*, ils se trouveraient au premier rang et à la droite de la compagnie. A la fin de leur congé, ils auraient la faculté de conserver leur fusil, muni d'une plaque indicative nominale à la crosse, dans les magasins du corps qu'ils sont destinés à rejoindre au moment de la mobilisation. Il en résulterait pour eux un honneur et l'avantage de se servir de la même arme pendant vingt-cinq années.

Dans le même ordre d'idées, on ne saurait trop encourager les sociétés de tir.

De deux infanteries en présence, la supériorité effective appartiendra à celle possédant la supériorité du tir.

Mais à cette question de l'arme s'en rattache une autre, ayant également sa valeur, celle du ravitaillement en munitions. En effet, il ne s'agit pas seulement de savoir tirer, il faut encore avoir les moyens de tirer.

La militær Zeitung du 8 février dernier disait à ce propos :

« Chaque fantassin arrive sur le champ de bataille avec un approvisionnement de deux cent cinquante cartouches; la voiture à munitions de la compagnie aura été vidée avant le début de l'action, car il est moins pratique de ravitailler en cartouches des troupes engagées, que de les remplacer par des réserves fraîches. Donc, dès les préliminaires du combat, le régiment se débarrassera des douze voitures qu'il traîne à sa suite, et les enverra se réapprovisionner aux colonnes de munitions.

« Ce n'est plus l'expérience des guerres passées qui peut maintenant donner une idée de la consommation de cartouches à prévoir.

« Tandis qu'autrefois une chaîne mince de

tirailleurs entamait le combat et que des grosses colonnes opéraient par leur choc l'action dernière, la seule forme de combat dorénavant possible est le combat de tirailleurs. La tactique se réduit à acquérir la supériorité du feu.

« Les chaînes de tirailleurs arrivées à six cents mètres de l'ennemi ne devront plus compter sur aucun soutien. L'intensité du feu à cette distance ne permettrait à aucune troupe de traverser la zone battue. La première ligne est donc quelque peu abandonnée à elle-même, et il lui faut, pour assurer son succès au moment critique de l'assaut, un approvisionnement de munitions suffisant pour éteindre le feu de l'adversaire. C'est à cette condition seulement que la seconde ligne pourra être portée en avant et appuyer les troupes engagées. »

Une erreur paraît s'être glissée dans l'article de la *Gazette militaire*.

Chaque fantassin allemand portera bien sur lui cent cinquante cartouches, mais il ne pourra les augmenter, au moment de l'action, que des cinquante-huit contenues dans la voiture de compagnie, c'est-à-dire avoir au total deux cent huit cartouches et non deux cent cinquante.

En France, l'approvisionnement réel est de deux cent cinquante-deux cartouches par homme ; mais ces cartouches sont réparties, cent douze sur le soldat, vingt-six au caisson de bataillon, doux au fourgon, soixante-cinq aux sections de munitions, quarante-sept au parc du corps d'armée.

Tout le problème consiste donc à faire un approvisionnement plus sérieux et une répartition plus rationnelle.

Quant aux procédés de ravitaillement, ils ne manquent pas. Nous n'avons pas à les indiquer ici.

La guerre, avons-nous dit, n'est que la continuation de la lutte de la paix à l'aide de moyens particuliers. Le devoir civique, en vue de la lutte pacifique, s'apprend à l'école, le devoir militaire au régiment. Ce devoir est complexe. Il comprend la discipline, l'énergie et la confiance dans le chef. En réalité, c'est le but moral. Il est à développer. Ces trois qualités guerrières sont connexes. La discipline et l'énergie chez l'homme seront d'autant plus grandes que la confiance dans le chef sera plus absolue et surtout plus méritée

Le chef est tout. Tel chef, tel soldat, peut-on dire. C'est au chef à inspirer la confiance par son savoir et sa vigueur.

Plus les armes sont perfectionnées, plus les effets destructeurs et moraux sont considérables, plus cette relativité du devoir militaire s'impose.

Dans l'infanterie, l'homme est le propre initiateur de son mouvement. Il agit sous l'impulsion du chef, mais le plus souvent sous la sienne propre, par l'impossibilité où se trouve l'officier de se trouver partout derrière lui au moment psychologique. Il fait usage de sa main pour épauler l'arme et tirer. Or, les mouvements de cette main ne sont que les actes réflexes de sa volonté, c'est-à-dire de celle de ses impressions dont la suprématie s'impose aux autres au moment intéressant (1).

Cette suprématie, autrement dit, cette volonté, peut se développer par l'exemple et la persuasion.

Cette suggestion du devoir doit donc être telle qu'elle fasse mouvoir le fantassin, pour ainsi dire automatiquement, à l'instant décisif.

La mission de développer cette qualité maîtresse incombe aux officiers, à tous les degrés de la hiérarchie. C'est la plus belle qui se puisse remplir. Il s'agit seulement de le vouloir; mais, pour le vouloir, il faut s'astreindre à bien comprendre les causes et les effets de cette volonté.

L'homme, une fois choisi, équipé, armé, il le faut instruire techniquement, en vue de l'emploi tactique.

Cette instruction se fait à la caserne et sur le terrain de manœuvre.

Elle doit partir de ce principe absolu que

(1) Le major Keim, dans sa dernière conférence à Berlin, disait dans le même sens : « L'élément psychologique jouera le rôle prépondérant, dans la marche du combat d'infanterie. »

toute inutilité est une perte de temps, et par suite, une cause d'amoindrissement de l'instruction tactique.

Tout d'abord, il faut encadrer l'homme, le placer dans le rang.

La formation actuelle est la compagnie. Cette formation est sur deux rangs, avec une troisième ligne formée par les sous-officiers, les tambours et les clairons.

Cette formation sur deux rangs fut la conséquence de l'emploi du fusil rayé de dix-sept millimètres, se chargeant par la culasse. Or, dit le général Lewal : « Il est illogique de créer une tactique d'après la constitution des unités. Il est plus rationnel et plus pratique d'organiser les unités d'après les nécessités tactiques. »

Rien de plus juste, mais l'agencement de l'unité présente, la compagnie, répond-il aux obligations nouvelles imposées par le fusil à répétition et l'emploi de la poudre sans fumée, je ne le crois pas.

En voici les raisons.

L'assaillant a pour obligation d'offrir le moins de prise possible à l'adversaire et de pouvoir lui répondre par un feu aussi dense, aussi nourri qu'il soit possible. Plus le tir est rasant, la gerbe d'artillerie effective, plus ces nécessités s'imposent. Or, c'est le cas des procédés nouvellement découverts. Les motifs de changements apportés en 1862, par suite de l'adoption du fusil rayé se représentent donc ajourd'hui dans des conditions autrement inéluctables. On peut même en déduire cette loi : *Dans un régiment, l'offensive sera d'autant plus efficace que la formation d'attaque sera plus mince, le nombre de participants au feu plus considérable et l'action plus répétée.*

Sur les trois mille deux cent seize individus dont se compose un régiment, il y en a présentement deux cent six sans arme, et quatre-vingt-dix-neuf (sous-officiers) munis seulement de cinquante-six cartouches. Il en résulte une perte de feux possible de soixante-douze mille cent vingt-six coups pour un seul corps. Or, il semble possible de diminuer ces non-valeurs, tout d'abord en faisant rentrer les sous-officiers dans le rang, en leur donnant autant de cartouches qu'aux hommes, puis en diminuant autant que faire se peut les inutilités non combattantes.

Évidemment il importe de se montrer d'une extrême prudence dans les changements à apporter aux règlements. Il faut toujours songer aux vingt classes libérées, ignorant les modifications faites. Si l'on se décide à introduire certaines dispositions nouvelles, il y a lieu de les présenter assez simplement pour les rendre aisément acceptables. En général, ne rien ajouter, simplifier toujours si l'on peut, telle paraît être la règle.

Sous le bénéfice de ces observations et tout en conservant la compagnie sur deux rangs pour la formation de rassemblement, j'ai cru et je crois à la possibilité de faire faire la manœuvre par rang. Dans ces conditions, le premier rang deviendrait le premier peloton sous les ordres du lieutenant et de l'officier de réserve ; le second rang formerait le deuxième peloton sous les ordres du sous-lieutenant et de l'adjudant. Les sections seraient encadrées par les sous-officiers ; les clairons se trouveraient répartis dans le rang à proximité des chefs des sections.

L'exemple ci-contre représente une *compagnie d'infanterie en lignes déployées.*

Du reste, cette idée de la manœuvre sur un rang n'est pas nouvelle.

Le général Lewal a dit à ce sujet : « L'ordre même n'est point une conception imaginaire. C'est une nécessité.

« La suprématie du feu sur le choc pour l'infanterie entraîne la suppression des formations compactes.

« Le feu actuel est tellement meurtrier qu'il ne faut point y exposer inutilement les troupes. En principe, il ne devrait jamais y avoir en première ligne deux hommes l'un derrière l'autre, afin d'éviter qu'un même projectile occasionne deux blessés.

« La profondeur de l'ordre n'augmente ni

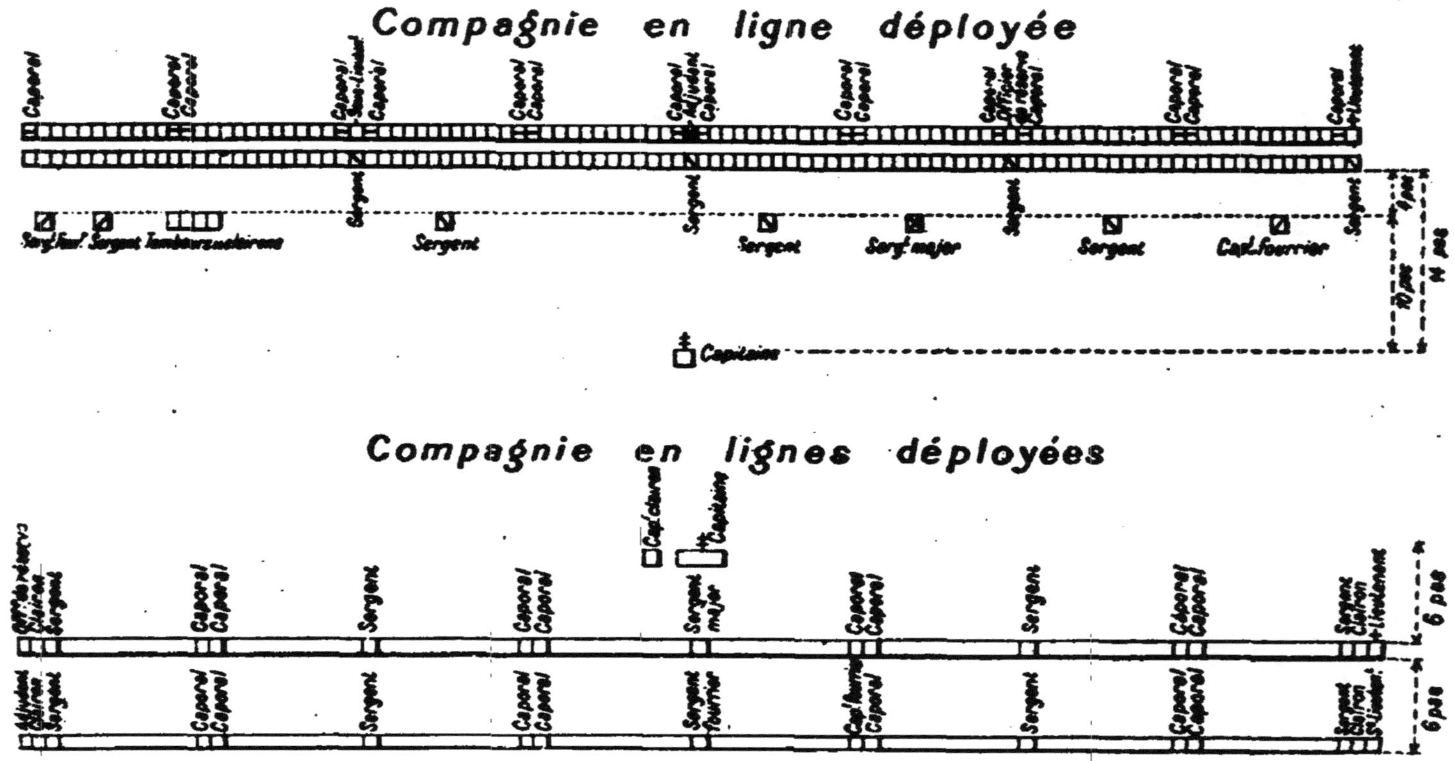
Compagnie en ligne déployée
Caporal
Caporal
Sous-Lieutenant
Adjudant
Officier de réserve
Lieutenant
Sergent
Serg.t fourrier
Tambours et clairons
Serg.t major
Cap.l fourrier
Capitaine
4 pas
10 pas
14 pas
Compagnie en lignes déployées
Cap.l clairon
Capitaine
Adjudant
Clairon
Sergent
Sergent major
Sergent fourrier
Cap.l fourrier
Lieutenant
S.t Lieutenant
6 pas
6 pas

l'intensité du feu, ni l'intensité du choc. L'effet produit par une colonne n'est pas plus grand que celui obtenu par une ligne. C'est l'opinion de Bugeaud et de Jomini.

« La solidarité s'obtient par le coude à coude, et celui-ci *existe dans le rang unique*.

« Un front est suffisant, s'il a autant d'hommes que le terrain permet d'en faire entrer en ligne, de façon qu'ils puissent se servir de leur arme avec efficacité. *L'idéal est la formation américaine sur un seul rang coude à coude*.

« Le combat demande la succession des efforts.

« La première ligne ne manœuvre plus ; les autres manœuvrent. »

Or, le général Lewal émettait ces idées si nettes et si justes, avant l'adoption des engins actuels. Elles s'imposent aujourd'hui avec une rigueur encore plus grande.

La formation que j'ai indiquée répond-elle à ces nécessités ? Je ne sais. Il appartient à d'autres plus autorisés d'en juger. Pour moi, elle offre certains avantages.

Elle ne change rien à l'instruction individuelle de l'homme, à sa place dans le rang, aux termes en usage, etc.

Elle augmente chaque rang de sept tireurs, c'est-à-dire de dix-sept cent soixante-quatre coups de feu réglementaires possibles pendant le combat.

Elle permet de doubler l'étendue du front sans inconvénient. Elle supprime les mouvements inutiles. Elle est surtout plus maniable.

La formation préparatoire de combat consisterait dans l'espacement facultatif des rangs ou des sections.

La formation de combat serait la suivante :

La première section, composée des tireurs d'élite, serait en avant-ligne, sous les ordres du lieutenant, à trois cents mètres du reste du premier rang, c'est-à-dire de la deuxième section restée sous le commandement de l'officier de réserve. Le second rang se trouverait à cent mètres du premier. Le capitaine et son caporal clairon se placeraient entre les deux rangs.

Ainsi disposée, la compagnie présente trois lignes successives. Elle échappe mieux aux inconvénients du tir, elle donne moins de prise aux gerbes de l'artillerie. Elle force l'ennemi à des efforts répétés. En effet, l'avant-ligne est complétée par le premier rang, puis par le second rang, si l'offensive est prescrite. En cas de retraite, l'avant-ligne se replie sur le premier rang, y retrouve sa place sans trouble aucun, d'autant qu'elle sait avoir en arrière et comme réserve le second rang intact.

Je n'insisterai pas.

Après l'instruction technique, l'instruction tactique. Celle-ci commence, hors du quartier et du terrain de manœuvre, avec les premières applications des règles multiples du service en campagne. C'est la préparation pratique par excellence pour le fantassin. On lui doit consacrer le plus de temps possible, et, par conséquent, supprimer toutes les inutilités de l'instruction (1) technique.

Les principes, présidant à son emploi, sont :

Importance de plus en plus prépondérante du feu ;

Impossibilité pour une troupe d'infanterie de combattre à rangs serrés dans la zone efficace du tir de l'infanterie, c'est-à-dire, en deçà de douze cents mètres ;

Impossibilité de se mouvoir en colonne, dans la zone efficace du feu de l'artillerie, c'est-à-dire en deçà de quatre mille mètres ;

Nécessité conséquente de fractionner les troupes par lignes d'un seul rang et d'adopter le mode d'action des lignes successives ;

Nécessité de prendre la formation prépara-

(1) Dans sa dernière conférence, à Berlin, le major Keim disait à ce propos : « La véritable ennemie d'une conception saine et nette de la réalité de la tactique, c'est la place d'exercice.

« Si les chefs se laissent entraîner à former leurs troupes plutôt en vue de la plaine d'exercice que des nécessités du combat, ils ne sont pas à la base fondamentale : l'instruction guerrière...

« L'instruction doit être poussée de manière que le mécanisme réel du combat devienne en quelque sorte la propriété intellectuelle de tous ceux qui participent à l'action. »

toire de combat à quatre mille mètres; celle de combat à quinze cents;

Manœuvrer par lignes parallèles ou perpendiculaires d'une file, dans la zone de quatre mille mètres; manœuvrer en colonnes, au delà de quatre mille mètres;

Importance de plus en plus grande de l'offensive.

Je parle ici de l'offensive raisonnée, mais non de l'offensive inconsciente. J'insiste d'autant plus sur ce point qu'on paraît croire à la supériorité de la défense, par suite de l'importance de plus en plus grande du tir. Le cas peut se présenter parfois; il n'est que particulier.

Évidemment un tireur bien abrité (1), ayant des munitions assurées et une retraite bien certaine, aura un sérieux avantage sur l'assaillant. En rase campagne, en bataille, il n'en sera pas de même. Si le soldat envoie plus de coups et des coups plus sûrs, il en reçoit également plus et d'aussi sûrs. S'il bat en retraite en plaine, il est exposé, d'autant plus longtemps, au feu dangereux de l'adversaire, que le tir de celui-ci sera

(1) On lit dans le *Militar Wochenblatt* : « Le mot d'ordre sera désormais : en terrain couvert, en avant : en terrain découvert, se refuser. On répartira ses forces en conséquence. Si les conditions du combat obligent à livrer l'attaque sur un terrain découvert, il faudra mettre à profit l'obscurité pour s'approcher. Enfin, si cela aussi est impossible, il ne reste d'autre ressource que de manœuvrer pour attirer l'ennemi hors de sa position. »

plus rasant et plus allongé. L'offensive sera donc préférable à tous égards, mais, je le répète, l'offensive raisonnée. En effet, il y aura des positions naturelles réellement inattaquables de front. Ces positions sont rares; elles n'occupent qu'une minime partie du champ de bataille. Au chef appartiendra le soin de les discerner. En raison de ce fait, la connaissance et le *sentiment* du terrain prennent donc une valeur toute spéciale.

Telles sont les conditions nouvelles auxquelles paraissent devoir répondre les règlements en préparation.

Les derniers, ceux du 3 janvier 1889, ont apporté d'heureuses modifications. La colonne double ouverte a constitué une innovation fort appréciable. En l'appropriant à la manœuvre par rang, on se trouvera posséder une formation légère, simple et la moins vulnérable qui se puisse imaginer (1).

Mais ces dispositifs tactiques de l'infanterie sont aussi nombreux, qu'il y a de combinaisons possibles de l'arme avec les autres armes et

(1) « A l'avenir, dit le major Keim, dans sa conférence de Berlin, l'infanterie devra se résoudre à prendre aux grandes distances des formations plus flexibles, ou à se disperser en groupes de tirailleurs.

« Le rassemblement des grandes masses en ordre serré qui facilite dans de grandes proportions la conduite du combat souffrira devant le canon des modifications qu'on n'apprécie pas encore dans toute leur étendue. »

contre une ou plusieurs armes, aussi différents qu'il y a de théâtres d'opérations imaginables.

Il en résultera autant de règlements spéciaux, mais simples, concernant uniquement l'infanterie, autographiés à un certain nombre d'exemplaires numérotés (un par corps), de manière à rendre la conférence possible et uniforme, mais la divulgation difficultueuse.

Je le répète, il paraît quelque peu illogique de publier à des centaines d'exemplaires les cours, certainement intéressants, de l'école de guerre, mais ayant pour premier inconvénient celui de fixer les concurrents possibles sur les détails les plus secrets de notre organisme et sur notre manière de combattre.

En duel, on ne fait pas au préalable connaître à son adversaire la nature de la riposte dont on compte se servir. Or, la guerre n'est qu'un duel d'une plus grande durée. Il paraît donc y avoir quelque illogicité à crier par tous les organes de publicité dont on dispose : voici mon point faible ; voici le vôtre ; voici la méthode dont je vais faire usage pour vous battre. Qu'on divulgue les formations, les règlements de détail, rien de mieux. On ne pourrait d'ailleurs les tenir secrets ; mais qu'on s'appesantisse sur les modes d'emploi, il y a là un danger et un abus.

En résumé, la tactique d'infanterie commence avec l'instruction en terrain varié.

Elle a pour but le combat à pied, offensif ou défensif : pour agents d'action, la fantassin, le fusil et le terrain.

L'homme est choisi et instruit, en vue du tir, de la marche et de la connaissance du terrain.

Formations et règlements doivent avoir pour point de départ, non l'unité à utiliser, mais le combat. Ils doivent varier avec les pays et la nature du sol.

Quant aux procédés à intervenir, l'offensive en restera la base. Elle est inhérente au caractère national, à l'âme du fantassin français.

CHAPITRE IV

TACTIQUE D'ARTILLERIE

Au point de vue de la valeur tactique, l'arme de l'artillerie marche immédiatement après celle de l'infanterie. Cette place, elle la doit au perfectionnement de plus en plus grand donné à l'intrument dont elle se sert.

« L'artillerie, dit Clausewitz, est la plus haute expression du principe destructeur.

« Par contre, elle manque absolument d'indépendance.

« Trop nombreuse, elle diminue les forces. Elle rend l'armée passive. »

Clausewitz a raison.

L'arme de l'artillerie n'est pas en mesure de se suffire en guerre. Seule, en effet, elle ne peut soutenir la lutte contre les autres armes, si nombreuse et si perfectionnée soit-elle.

En mouvement, elle est sans défense, inutile et gênante.

6

Elle ne peut passer partout.

La rapidité de ses mouvements dépend de l'état du sol. Elle est toujours inférieure à celle de la cavalerie, comme vitesse.

L'artillerie ne peut, comme l'infanterie, utiliser tous les terrains.

Elle est faible sur ses ailes et sur son front.

L'instantanéité de son feu est moindre que celui de l'infanterie. A petite distance, ce feu est également moins efficace. On s'en rend aisément compte. « Le premier coup de fusil (1) d'une troupe d'infanterie peut partir aussitôt après l'arrêt de cette troupe; au contraire, il s'écoule en moyenne deux minutes entre le moment où une batterie détache les avant-trains et celui où elle envoie son premier projectile. Il en résulte qu'une batterie venant prendre position en face d'une troupe d'infanterie reste pendant plusieurs minutes exposée à ses feux sans pouvoir lui répondre. Cette batterie peut même être mise hors de combat, avant d'avoir tiré un seul coup de canon, si la distance n'est pas trop considérable et si ces feux sont bien ajustés. »

La puissance de l'arme réside dans la portée considérable de ses pièces, dans la précision de plus en plus grande de son tir, dans son effet moral, dans son action destructive contre les

(1) *Cours de tactique d'artillerie*, à l'École supérieure de guerre.

obstacles, dans la possibilité de concentrer ses feux sur un point donné, à un moment voulu, enfin dans sa liaison parfaite avec les armes auxquelles elle est jointe.

Son but n'est pas immédiat. Il est éloigné et toujours subordonné.

La définition générale de sa tactique est simple.

Elle constitue l'*ensemble des dispositions aptes à régler l'emploi judicieux de l'artilleur, de la pièce et du terrain, en vue de la bataille, de la guerre de montagne, d'un siège ou de la défense des côtes.*

Le moyen de l'artillerie, c'est la pièce de canon; mais ce moyen est loin de constituer une constante comme dans l'infanterie. Il varie suivant le but.

Avec l'infanterie, c'est la pièce de campagne, la mitrailleuse;

Avec la cavalerie, c'est l'artillerie légère;

Pour la guerre de montagne, la pièce de montagne;

Pour l'attaque ou la défense des places, l'artillerie de siège;

Pour la défense des côtes, l'artillerie de côte.

La nature de la pièce, celle des projectiles, des fusées, des hausses et de la poudre, etc... constituent également autant de causes de mode d'emploi, et, par suite, autant de tactiques, autant de règlements

L'histoire de la tactique de l'artillerie est liée à celle des engins mis entre les mains de l'artilleur.

Sa valeur est en raison de celle de la pièce.

L'artilleur, son choix, son équipement, son instruction, sont subordonnés au genre de pièce dont cet homme doit faire usage. Ils en sont fonction directe.

Le sol, ce deuxième terme de l'équation tactique de l'artillerie, a aussi son importance, et celle-ci est d'autant plus grande que la portée de la pièce est plus considérable, et les indices, fournis par la fumée, diminués.

En effet, un chef d'artillerie doit pouvoir toujours répondre, pendant le combat, aux questions suivantes : Où êtes-vous ? Qu'avez-vous devant vous ? A quelle distance ? Qui vous encadre à droite et à gauche ? Où est votre ligne de retraite ? Où sont vos sections de munitions ?

Du coup d'œil, du choix de l'emplacement à prendre, de la distance, du réglage et de la nature du sol, dépendent la promptitude et l'efficacité du tir (1).

On est donc en droit de dire : *De deux batteries d'artillerie opposées l'une à l'autre, ayant les moyens à peu près identiques, la supériorité*

(1) « La visibilité réciproque de deux lignes opposées, dit le capitaine Moch, ne dépendra plus que du terrain et du talent avec lequel on aura su l'utiliser. » Et la lumière dans le tir direct ? Le capitaine semble l'oublier.

restera à celle d'entre elles dont le chef possédera le mieux le sentiment du terrain.

Le choix de l'homme destiné à l'arme varie aussi avec le but et la spécialité. Les qualités physiques ne sont pas les mêmes pour un artilleur destiné à servir des pièces légères ou des pièces lourdes, à être pointeur ou simple servant.

L'artilleur une fois incorporé, il faut l'habiller. Ce costume différera suivant le service. Rien de plus naturel ; mais les découvertes récemment faites sont-elles de nature à apporter des changements ? Je le crois.

Il en est du vêtement de l'homme comme de celui de la pièce. Dans la marine, ai-je dit, on a donné, avec raison, aux cuirassés et à leurs canons, la couleur de la toile mouillée. Or une pièce en batterie sur un cuirassé d'escadre ressemble étrangement à une pièce de côte, de siège ou de campagne. En montagne également, il importe que la pièce et les hommes qui la servent puissent se confondre avec la couleur grise du rocher. Plus la stabilité, c'est-à-dire la difficulté de déplacement, est grande pour l'artilleur et la pièce, plus il est nécessaire de les dissimuler aux vues de l'adversaire.

Une fois l'artilleur choisi, incorporé, habillé, il faut l'instruire. Cette instruction est préventive à l'école, technique au régiment. Cette dernière est soumise à trois conditions primordiales de temps, de tir et de devoir militaire. Elle doit avoir un objectif unique, la préparation à la guerre.

« En temps de paix, dit un officier d'artillerie des plus autorisés, les unités d'artillerie ne doivent apprendre que ce qui serait appliqué dans les combats et les marches. Poursuivre des buts latéraux est une dépense improductive des moyens et de temps, au détriment de la mission principale.

« Il convient d'examiner de près le tir et la manœuvre dans le combat réel, alors les desiderata de la préparation de l'artillerie s'éclairciront d'eux-mêmes.

« A l'époque actuelle, faire de l'art pour de l'art et non en vue du combat réel, doit être banni de l'artillerie; c'est une perte de temps et de moyens, aux dépens de l'utile et du nécessaire. »

Or, le tir des pièces d'artillerie présente des difficultés de plus d'une sorte. Son apprentissage et sa correction dépendent en effet du temps, du nombre de projectiles alloués, de la non-variété des exercices, des procédés employés, du choix des pointeurs, de l'éducation première, de l'œil, du terrain et surtout de la direction et de l'observation des coups.

La véritable instruction technique est donc celle du tir.

L'artilleur doit être identifié avec sa pièce.

Comme pour les tireurs d'élite d'infanterie, les pointeurs d'élite doivent être l'objet d'avantages tout particuliers.

Je ne parlerai pas du devoir militaire, il est le même pour tous ceux ayant l'honneur de porter un uniforme. Au feu, le caractère de l'artilleur est la passivité. Rivé à sa pièce, il n'est soumis ni aux émotions mouvementées du soldat d'infanterie, ni aux nécessités résultant d'une initiative parfois délicate, en raison de son danger immédiat. C'est un instrument humain.

Quant à l'instruction tactique, elle commence seulement avec les premières applications du tir de campagne pour les batteries.

La batterie est l'unité de combat.

Le groupe de batteries est devenu l'unité tactique.

Suivant le règlement de l'artillerie allemande du 23 août 1877, « l'emploi de l'artillerie par groupes de trois ou quatre batteries ou par régiment de six à neuf batteries doit être la règle, l'emploi par batteries isolées, l'exception. »

En effet, tout est changé. La lutte de l'artillerie dans la prochaine guerre ne ressemblera en rien à celle dont nous pouvons avoir souvenance.

Sous le premier Empire, on se servait du système Gribeauval. La portée était de cinq à six cents mètres, celle du fusil d'infanterie, trois cents.

En 1869, le tir à quatre mille mètres était considéré comme un gaspillage. A quinze cents mètres, on admettait la possibilité d'engager le combat ; à sept cents mètres, la lutte était décisive.

Actuellement, on songe à commencer le feu à quatre mille mètres, et, à quinze cents, on le regarde comme décisif. A cette dernière distance, on est déjà sujet aux coups de l'infanterie. La situation y est compromise par l'atteinte possible des attelages.

En principe, on est donc en droit d'émettre les règles suivantes :

Sur le champ de bataille, l'artillerie devra agir en masse (1) et entrer en action presque instantanément.

La mise en batterie se fera à bras.

Les mouvements successifs seront à éviter.

L'action de l'artillerie et celle de l'infanterie seront liées de la façon la plus complète, tant pour le feu, pour sa direction, que pour sa protection. Elles constitueront en somme une seule et même tactique.

(1) M. le capitaine d'artillerie Moch dit à ce propos : « Le seul moyen d'action de l'artillerie, sa seule raison d'être, c'est le feu et le feu intensif, si l'on peut s'exprimer ainsi. L'essence de sa tactique est dans l'emploi par grandes masses, et dans la concentration du tir d'un nombre considérable de pièces sur le point de la ligne ennemie, où l'on veut faire brèche ; les efforts que l'on fait de plus en plus, pour augmenter la rapidité du tir, font prévoir de plus en plus la tendance à opérer par séries de feux d'une très grande violence, par coups d'arrosoir. »

Le choix des positions, le réglage du tir, la conduite du feu et surtout le ravitaillement en seront les parties essentielles.

Mais est-on fixé sur tous les points de l'emploi tactique de l'arme? Non. Cette sorte d'incertitude est naturelle.

Von Schell désire voir éteindre successivement les feux de l'adversaire, en commençant par les moins couverts.

Von Hofflauer réclame la canonnade sur toute la ligne.

Si deux groupes de quatre batteries sont en présence, Ploix propose de concentrer les feux de trois batteries sur l'une des quatre adverses et d'employer la quatrième pour lutter contre les autres.

L'effet moral d'un projectile dépend de la masse et de la vitesse d'arrivée, du bruit de l'explosion, du sifflement des balles et de la nature grave des blessures produites.

Mais quel sera l'effet moral des schrapnels? Sera-t-il supérieur à celui résultant du tir percutant? Comment réglera-t-on ce tir? Les gerbes auront-elles l'effet et les propriétés attendus? Autant de questions controversées.

L'artillerie peut-elle et doit-elle tirer pardessus les troupes? D'après le règlement allemand du 23 août 1877 et d'après MM. du Verdy du Vernois et Von Scherff, « il faut autant que possible éviter de tirer par-dessus les troupes armées. »

En Autriche et en Belgique, on admet cette possibilité.

Le général Lewal dit également : « Il faut nécessairement en venir à ce que le canon agisse par-dessus l'infanterie. C'est une nécessité de l'ordre dispersé. »

On pourrait ajouter : C'est une nécessité, résultant de la grande portée des pièces d'artillerie actuelles. L'important est d'habituer les recrues au tir du canon, aussi bien qu'à celui du fusil.

Les actes de l'homme ne sont pour la plupart que des actes habituels réflexes. On accoutume aussi bien l'oreille au bruit de l'artillerie qu'à l'émission des sons d'un instrument de musique. Seulement, pour qu'il n'y ait pas surprise, le fantassin doit avoir déjà entendu ce bruit, et, cette accoutumance, il ne peut la prendre qu'en exerçant ses organes auditifs dès le temps de paix.

Mais une autre question tout aussi grave est celle de l'entretien du feu.

La batterie de tir comprend ses six pièces et ses trois caissons.

Six caissons, la forge, le chariot de batterie, les attelages haut le pied forment l'échelon de combat.

Lors de la mise en batterie, les trois caissons

se mettent entre les pièces et les avant-trains. On dételle.

Les avant-trains reculent à cent cinquante mètres.

L'échelon de combat se place à cinq cents mètres environ. « Le chef de cet échelon a le devoir absolu de coordonner tous les mouvements de sa troupe avec ceux de la batterie de tir. »

Le quatrième échelon de ravitaillement est formé par les sections de munitions. En route, elles font partie du train de combat. Elles sont placées après le parc dugénie. Si la colonne est unique, elles sont donc à plus de seize kilomètres de la tête du gros, et à vingt de l'avant-garde.

Celles des divisions d'infanterie sont sous les ordres des généraux de division; celles de l'artillerie de corps sous ceux du commandant de cette artillerie. Réunies, elles obéissent à la direction d'un chef d'escadron, soumis lui-même à l'autorité du général d'artillerie, placé à vingt kilomètres.

Pendant la bataille, les sections occupent les emplacements indiqués; c'est-à-dire « à quinze cents mètres environ en arrière des lignes de feu, à proximité des troupes et groupes des batteries auxquels elles sont affectées, autant que possible près des chemins praticables. Elles ne restent sur la route qu'en cas de nécessité; elles se placent alors du côté droit sur une file et dégagent la route dès que les rangs ont pu être ouverts ».

Le cinquième échelon est formé par le parc d'artillerie de corps d'armée.

D'après l'instruction, cet échelon est commandé par un lieutenant-colonel, prenant le titre de directeur du parc du corps d'armée. Il comprend : quatre sections de parc placées sous le commandement d'un chef d'escadron d'artillerie, un détachement d'ouvriers et un détachement d'artificiers.

Chacune des trois premières sections de parc transporte des munitions d'infanterie et d'artillerie : la quatrième conduit seulement un supplément de munitions d'artillerie, avec des rechanges pour l'entretien du matériel.

Les sections de parc ne sont pas affectées spécialement à telle ou telle fraction de corps d'armée. Le commandant d'une section de parc doit, à moins de raisons majeures, donner satisfaction à toute demande de munitions, quelle qu'elle soit, alors même qu'elle émanerait d'une troupe n'appartenant pas au corps d'armée.

Ce parc marche à une ou deux journées du corps d'armée, c'est-à-dire en moyenne à plus de douze lieues de la tête du gros de la colonne. Sa longueur est de quatre kilomètres. D'après l'article 112 du service en campagne, il passe après les convois administratifs des subsistances et la réserve d'effets d'habillement.

D'après l'article 204, il doit se trouver en tête du convoi.

Cette dernière prescription paraît être la bonne.

Au moment où le chef du convoi et le directeur du parc ont connaissance de l'engagement, ils s'arrêtent. Si les nouvelles sont rassurantes, ils précipitent leur mouvement de manière à se trouver à dix ou douze kilomètres en arrière des lignes.

Le sixième échelon est formé par le parc d'armée. En réalité, il ressortit au service de l'arrière. Il n'est plus constitué en parc roulant. C'est un dépôt jouissant d'une mobilité relative, voilà tout.

Tel est le système du ravitaillement pendant la lutte de deux armées en présence. Est-il suffisant?

D'après certains officiers d'artillerie, en tirant quatre coups par pièce à la minute, une batterie approvisionnée peut, avec ses seules ressources, soutenir le feu pendant plus de trois heures.

Ce n'est possible, répondent d'autres officiers, qu'à la condition d'un ravitaillement en munitions fourni par les quatrième et cinquième échelons. Or, ces échelons, au moment où l'affaire s'engage à l'avant-garde, en sont éloignés de cinq ou six lieues au minimum Arriveront-ils à temps? Ne faudra-t-il pas d'abord les prévenir, puis se rendre au pas ou au trot à l'endroit voulu? Pendant ce temps, que fera la batterie? A elle seule, si le feu est soutenu, celle-ci peut, en une heure et demie, deux heures au plus, avoir épuisé les munitions provenant de ses caissons, de ses avant-trains et des ressources du train de combat.

Et les cadres montés? Et les attelages? Qu'en fera-t-on sous un feu rapide et efficace. S'il n'y a plus d'attelages, on ne pourra aller chercher des munitions. S'il n'y a plus de munitions, la batterie deviendra inutile.

Dans ses derniers travaux, le général de Hohenlohe a dépeint les angoisses résultant d'un ravitaillement de ce genre pendant la dernière guerre. Or, le même problème se présentera dans la prochaine, et cette fois dans des conditions bien supérieures d'acuité.

Est-il possible de parer à ces difficultés? Je le crois. Quant à s'en expliquer ici, j'estime comme je l'ai dit plus haut, qu'il y a certains détails de tactique sur lesquels il n'est pas patriotique d'insister.

Mais cette tactique, dont je viens de parler, est celle de l'artillerie en campagne. Elle n'est pas la seule.

Elle est variable elle-même, en raison des armes qui la soutiennent, de l'arme ou des armes qui lui sont opposées.

La tactique de l'artillerie légère est différente;

elle est liée, celle-là, à l'arme de la cavalerie. Elle en prend les allures et le but.

Artillerie de montagne, artillerie de siège, artillerie de côte, ont également leur tactique, leurs moyens spéciaux, leur but, et, par-dessus tout, le dressage spécial de l'homme en vue de leur usage.

Ces tactiques elles-mêmes varient avec les armées que l'on combat et la nature du pays où se fait la lutte.

Il faudrait un volume spécial pour en détailler les effets possibles. Ce n'est pas mon intention. J'ai tenu seulement à bien définir ces tactiques, à montrer leur variété, la complexité de plus en plus grande des problèmes à résoudre et, par suite, les connaissances multiples et spéciales nécessaires à leur élucidation.

CHAPITRE V

TACTIQUE DE CAVALERIE

Clausewitz place la cavalerie après l'artillerie. « Une armée, dit-il, composée uniquement d'infanterie et d'artillerie pourrait se suffire bien que placée dans une situation incommode, au point de vue de la surveillance, de la liaison et de la poursuite. »

Il est une autre raison, croyons-nous, de cette sorte de sujétion de la cavalerie aux autres armes. Cette raison est du domaine de l'évolution.

Les propriétés de l'arme de la cavalerie sont le choc et la vitesse. Ces propriétés se rencontrent, non chez le cavalier, mais dans le cheval Le cheval constitue donc l'instrument primordial de la tactique de la cavalerie. Dans l'infanterie, le moyen est le fusil; dans l'artillerie, le canon. Or, dans ces deux armes, infanterie et artillerie, l'instrument a pris des développements inattendus et une valeur de plus en plus grande. Dans la cavalerie, le cheval est resté le même animal que du temps d'Alexandre, de Bayard, de Turenne ou de Kellermann. C'est toujours le même quadrupède inoffensif, dressé plus ou moins bien, mais soumis à toutes les imperfections de l'animalité.

L'ancienne armure dont on l'avait couvert a dû disparaître par suite du perfectionnement des armes de jet. Celle conservée par quelques cavaliers est destinée à un sort identique.

L'arme de la cavalerie n'est pas en mesure de faire isolément la guerre. Seule, elle est hors d'état de soutenir la lutte contre les autres armes, si nombreuse et si bien instruite soit-elle.

Au repos, elle est sans défense, inutile et gênante.

Elle ne peut passer partout.

Sa mobilité et sa rapidité sont supérieures à celles des autres armes.

La cavalerie est faible sur ses ailes.

L'instantanéité de son action est moindre que celle de l'infanterie et de l'artillerie.

Avant d'avoir pu atteindre un groupe de fantassins, elle peut être facilement détruite, si elle a affaire à des adversaires bien posés, calmes et adroits. Avant d'arriver de face sur une batterie, elle peut être écrasée par la mitraille. Par contre, elle conserve toute sa supériorité, si elle agit sur les points faibles de cette batterie, c'est-à-dire, sur ses flancs (1).

D'après l'article 116 du service en campagne, le service d'exploration et le service de sûreté constituent les deux missions importantes confiées à la cavalerie.

Le service d'exploration incombe aux divisions de cavalerie.

Celui de sûreté est du ressort des brigades de corps d'armée.

Or, comme j'aurai l'occasion de le démontrer, la nature de l'action paraît s'être modifiée avec le nouvel armement et surtout avec la nouvelle poudre.

Sa puissance sera toujours considérable, mais elle aura changé de forme. Elle résidera de plus en plus dans la mobilité et la rapidité de ses mouvements, dans ses informations et dans ses moyens de liaison entre les colonnes ;

(1) « On peut affirmer, dit le capitaine d'artillerie Moch, que le service des reconnaissances va devenir beaucoup plus difficile et coûtera surtout plus de monde que par le passé. Il sera particulièrement épineux pour la cavalerie d'exploration, naturellement mieux visible de loin que l'infanterie. Qu'un avant-poste laisse approcher un groupe de cavaliers à bonne portée, et il a de grandes chances de les jeter à terre par un feu rapide, avant qu'ils aient eu le temps de se reconnaître et de se mettre hors d'atteinte du fusil de petit calibre. Et ceux qui reviendront ne rapporteront guère de renseignements utiles; car où il n'y a rien à voir ni à entendre, le cavalier perd ses droits, elle qu'on a nommé l'œil et l'oreille de l'armée. » (*La poudre sans fumée et la tactique.*)

Dans l'annihilation par son choc des forces de cavalerie adverses; dans la destruction rapide des moyens de communication, des centres d'approvisionnement, etc.;

Enfin, dans l'effet moral exercé par sa présence sur les flancs et les derrières de l'armée ennemie, sur les convois, sur la population, etc.

Son but est toujours immédiat.

Sa tactique est double. Elle a deux buts : *l'ensemble des dispositions aptes à régler l'emploi judicieux du cavalier, de son cheval, et du terrain, en vue du combat et des informations.*

Le *moyen* du cavalier, c'est le cheval. Ce moyen n'est pas perfectible comme le fusil ou le canon.

Tout au moins doit-on veiller à son choix, à son dressage physique et militaire.

La responsabilité du choix incombe aux officiers chargés des achats.

Y a-t-il lieu de modifier l'état de choses existant? Faut-il, comme le demandent des officiers de cavalerie fort compétents, faire des plaines des hauts plateaux de l'Algérie, des terrains de parcours, de vastes dépôts de remonte, analogues à ceux de la Russie et de la Hongrie, appelés à alimenter presque exclusivement la cavalerie légère?

Y a-t-il un cheval de guerre type? Est-il possible de se le procurer? Est-il loisible de varier la nourriture du cheval, de manière à le préparer aux rigueurs de la guerre? Ce sont là autant de questions techniques, sujettes à des controverses nombreuses, dont la brochure récente d'un député, M. Casimir-Périer, nous démontre la gravité, au point de vue militaire et économique.

A tout prendre, la valeur du cavalier est en raison de celle de sa monture.

Le cavalier, son choix, son équipement, son instruction sont subordonnés à l'espèce de cheval dont cet homme doit faire usage, en vue du choc ou de l'information. Ils en sont fonction directe.

Plus les mouvements à exécuter sont rapides, plus les effets du tir de l'artillerie et de l'infanterie sont considérables comme portée, plus il importe de bien juger le terrain. Or, c'est le cas de la cavalerie. Une fois l'ordre donné, il n'est plus temps de réparer la faute, de courir après les exécutants de l'ordre et de leur faire prendre une autre direction. Il faut donc, de la part des chefs, une grande décision, et surtout du coup d'œil.

On peut dès lors émettre cette règle : *De deux cavaleries en présence, ayant à peu près des troupes identiques, la supériorité restera à celle d'entre elles dont le chef possédera le plus nettement la connaissance du terrain.*

Le cavalier a deux buts, le choc et la vitesse, le combat et l'information. Ces deux buts correspondent à deux sortes de cavalerie, la c---

lerie de ligne et la cavalerie légère. Les qualités physiques ne sont pas les mêmes pour chacune d'elles. Dans la première, l'homme peut être grand, mince. Dans la seconde, il doit être petit, agile et particulièrement doué d'une vue parfaite.

On comprend aisément ces nécessités. La cavalerie de ligne agit comme un coin à un moment donné. Le cavalier léger, au contraire, court, cherche, observe, se faufile partout où il peut. C'est un *vibrion* à cheval.

Les membres militaires du conseil de revision ont mission de reconnaître ces qualités.

Le cavalier une fois arrivé au corps doit être revêtu d'un uniforme. Celui-ci n'est pas indifférent.

Évidemment, il faut renoncer à tous les ornements trop brillants, faisant miroir, ainsi qu'au cheval-signal, je veux parler du cheval blanc.

Mais il importe surtout d'éviter la variété et la multiplicité des signes distinctifs. En guerre, on aura en France deux millions d'hommes d'infanterie, munis d'un fusil exceptionnel, tirant avec une rapidité extrême. Ces hommes ne connaîtront souvent pas tous les uniformes; ils seront énervés et exposés à des méprises.

Celles-ci ont déjà eu lieu. « Qu'on se rappelle, dit le général Thoumas, les lanciers de la garde si fortement malmenés par les dragons français à la grande charge de Mars-la-Tour, le 16 août 1870 ! »

Le 26 juillet 1870, à cinq heures dix minutes, le général Ducrot et le préfet de Strasbourg, M. le baron Pron, recevaient la dépêche suivante : « Reischoffen est envahi par deux régiments prussiens. »

« Je retiens, ajoutait l'expéditeur, le train n° 5 par ordre du général commandant. Deux bataillons de chasseurs partent pour Niederbronn. »

L'auteur de l'avis était l'inspecteur des chemins de fer. Son dire se trouvait confirmé par le général de Bernis, commandant la cavalerie. On juge de l'émotion. Le préfet, homme d'esprit, doute un peu, il est vrai. Il demande des explications.

A minuit trente, il recevait la dépêche suivante : « J'ai été à Frechwiller. C'est une panique. *On a pris des hussards bleus pour des Bavarois.* »

Je pourrais citer d'autres incidents du même genre. L'important est d'en empêcher le retour, et, pour cela, d'adopter des tenues si bien connues des troupes d'infanterie qu'il n'y ait pas d'erreurs du même genre possibles.

En un mot, il semble en résulter la nécessité de deux uniformes, l'un pour la cavalerie de ligne, l'autre pour la cavalerie de sûreté, d'information et de liaison, pour celle appelée à se trouver continuellement en contact avec les autres armes.

Une autre condition paraît s'imposer à l'habillement, tout au moins à celui du cavalier léger. Ce dernier, avons-nous dit, doit être leste. Pour lui conserver ce caractère, il faut donc le doter d'une tenue telle qu'il puisse aisément descendre de cheval, se mouvoir à pied, se glisser, voir, tirer au besoin, puis remonter sur sa bête et disparaître.

L'équipement et l'armement varient avec les les deux espèces de cavalerie. Je n'insisterai pas sur ces questions spéciales. Elles font l'objet de l'étude constante et soutenue des membres du comité technique.

Le cavalier est choisi, incorporé, habillé, équipé, armé. Il commence alors son instruction technique. Celle-ci a deux objectifs, le combat et l'information. Elle doit être subordonnée au temps, c'est-à-dire, assez simplifiée, assez allégée pour que le cavalier puisse employer le plus de moments possibles à son instruction tactique. L'exercice du cheval et *celui du fusil* en formeront la base.

L'instruction technique, une fois achevée, celle de la tactique commence avec les applications sur le terrain.

Mais les méthodes tactiques employées jusqu'ici paraissent donner lieu à des observations de plus d'une sorte.

D'après l'ancien ministre de la guerre, le général Berthaut (1) : « Les grandes masses ont fait leur temps. Sous le premier Empire, que l'on invoque à chaque instant sans se rappeler que l'infanterie avait des fusils à pierre, peu dangereux au delà de cent mètres, les masses n'ont pas produit de résultats proportionnels à leur nombre, ni aux sacrifices et aux embarras qu'elles occasionnaient. Il peut être très intéressant de les commander, de les faire évolutionner par la pensée, mais autre chose est de les réunir sur le terrain, de les faire vivre et mouvoir en campagne. »

« A Sadowa, dit Rustow, il n'y a pas eu d'engagement de cavalerie en masses, mais la cavalerie divisionnaire prussienne a fait des merveilles de bravoure. »

« Le 16 août, à Gravelotte, ajoute le prince Hohenlohe-Ingelfingen, on a employé des masses, mais pas en masses, en gouttes. »

Le colonel Decker prétend que « l'occasion favorable d'agir se présente rarement pour la cavalerie en masse, tandis que dix chances pour une peuvent s'offrir dans l'espace d'une heure à la cavalerie divisionnaire. »

De l'avis du général Lewal, « les cavaliers préconisent encore la conservation de grosses masses, des formations compactes. Tous les

(1) *Observation sur le service de la cavalerie en campagne*, en 1868.

autres écrivains militaires, à l'étranger comme en France, sont unanimement d'un avis contraire. L'empirisme est fatal dans les choses de la guerre. La reproduction des mêmes faits, des mêmes formes, aboutit à l'impuissance, comme l'implantation du même grain dans la même terre amène inévitablement le dépérissement des plantes. L'emploi de la cavalerie demande dorénavant plus de science et d'adresse que de force, plus d'habileté que de nombre. »

Le prince de Hohenlohe-Ingelfingen, dans ses *Lettres*, émet la même opinion : « Je ne saurais me ranger de l'avis de plusieurs défenseurs de la cavalerie, lorsqu'ils proposent de séparer la cavalerie de l'infanterie, de lui donner une organisation absolument indépendante, de former des divisions de cavalerie permanentes et autonomes, et de réunir un certain nombre de ces divisions sous des inspecteurs de cavalerie qui dépendraient tous d'un inspecteur général.

« A mon avis, cette organisation ne donnerait pas des résultats favorables. En effet, la tâche qui incombe à la cavalerie résulte de ce que l'armée, prise dans son ensemble, est en droit d'attendre d'elle, et cette tâche ne saute aux yeux que si la cavalerie est intimement unie aux autres armes.

« Si la cavalerie était séparée des autres armes, si elle se trouvait isolée, elle courrait risque de n'avoir plus que des tendances et des préoccupations exclusives. Les temps ne sont plus où il pouvait y avoir des armées entières composées uniquement d'hommes montés. La cavalerie, de même d'ailleurs que l'artillerie, n'obtiendront les résultats les meilleurs que si elles ont sciemment conscience d'une chose, à savoir qu'elles ne sont que des auxiliaires de l'infanterie. C'est l'infanterie qui constitue l'armée, et l'infanterie a besoin de la cavalerie comme de l'artillerie. La mission de la cavalerie est d'agir pour l'infanterie, et ce n'est qu'en se trouvant en contact fréquent avec celle-ci qu'elle arrivera à connaître ce que l'infanterie attend d'elle. De même l'infanterie n'aura conscience de ce qu'elle devra et pourra exiger de la cavalerie, des services qu'elle sera en droit d'attendre d'elle, que si les deux armes se trouvent fréquemment réunies. »

Les défenseurs de l'ancienne tactique ont des arguments également sérieux.

D'après l'éminent rédacteur du *projet d'instruction sur l'emploi de la cavalerie*, « la guerre de masses impose la tactique de masses. L'organisation et l'instruction de la cavalerie doivent avoir ce précepte pour base. L'arme du choc, c'est la lance. »

Le conférencier de l'École supérieure de guerre est du même avis. « Il importe, dit-il, de mettre la bride sur le cou à la cavalerie, de l'affranchir de toutes les entraves qui la lient aux autres armes, si on désire qu'elle rende les services qui rentrent dans son rôle.

« En France depuis longtemps déjà, le principe de la séparation de la cavalerie des autres armes était admis, bien qu'il fût motivé surtout par des considérations visant les facilités de marche de l'arme. »

L'auteur si compétent de l'article paru dans *Revue des Deux-Mondes* sur *la Cavalerie dans la guerre moderne*, ne fait que développer cette idée. Pour lui, « La cavalerie ne doit pas attendre des ordres; elle les recevrait trop tard. D'ailleurs, elle ne peut rester à la disposition des commandants d'armée ou de corps d'armée. Disséminée en arrière ou dans les intervalles des lignes de combat, elle serait virtuellement paralysée, condamnée à succomber sans gloire ou à s'illustrer sans profit. Massée sur les flancs, elle échappe même à l'action du généralissime. Celui-ci, en effet, ne peut du regard embrasser l'étendue du théâtre de la lutte, non plus le parcourir. Placé en arrière, en une position centrale, il se rallie aux principaux acteurs par d'innombrables fils télégraphiques. Il est le point terminal auquel viennent aboutir tous les battements des artères, et d'où partent toutes les pulsations. Ainsi, il dirige, joueur invisible, les pièces multiples de cet échiquier démesuré. Une fois disposées, elles se meuvent d'ailleurs d'une marche lente, progressive et régulière. Il gradue leurs efforts, pousse les unes, retient les autres. Les détails lui échappent.

« La cavalerie ne peut donc subir la règle commune. Puisant sa force principale dans sa mobilité, dans sa vitesse, elle ne saurait s'accrocher en un point fixe; par suite attendre ou provoquer des ordres. Du généralissime, elle a reçu des instructions générales, elle recouvre alors son indépendance. »

En définitive, on se trouve en présence de deux opinions absolument contraires. D'après l'une, l'emploi des grandes masses de cavalerie a fait son temps; la subordination de la cavalerie à l'infanterie doit être complète. D'après l'autre, la guerre des masses impose la tactique des masses, l'indépendance de la cavalerie doit être absolue.

Mais depuis l'émission de ces deux manières de voir si différentes, des modifications considérables ont été apportées au tir de l'artillerie et de l'infanterie. La poudre sans fumée a été adoptée. Or ces innovations changent-elles les conditions du problème et de la discussion? Je ne le crois pas. Les défenseurs des deux systèmes ont raison, et s'il y a contradiction apparente, le fait, à mon avis, tient à une simple erreur d'interprétation et de position de question.

Évidemment, avec l'extension des lignes et

la profondeur du champ de bataille, en raison de l'extrême portée des engins, un général d'armée ne pourra pas donner des ordres au chef de sa cavalerie, en vue d'une action immédiate. La cavalerie ne se trouve pas dans les mêmes conditions que l'infanterie. Ses procédés ne sont ni instantanés, ni continus. Avant que l'ordre soit parvenu, transmis, un espace considérable parcouru, et la lutte engagée, le moment propice sera passé. Or, dans la cavalerie, tout le succès tient au moment et au terrain. A cet égard, les chefs de la cavalerie paraissent dans leur droit en réclamant l'indépendance pour pouvoir agir.

Mais, en l'état actuel de l'armement de l'infanterie, la cavalerie ne peut plus aborder de front l'infanterie. Tout au plus sera-t-elle en mesure de prendre une batterie de flanc, d'enclouer les pièces, de pétarder les affûts et les voitures et d'emmener les attelages.

Elle semble également devoir renoncer aux grands rideaux fixes et mobiles. La distance des forces en présence est aujourd'hui si rapprochée dès le temps de paix, chez les puissances séparées par une simple ligne de démarcation fictive, que la cavalerie n'a plus devant elle le jeu et l'espace nécessaires pour espérer procurer des renseignements utiles.

Une division d'infanterie, un corps d'armée, ne peuvent compter être bien éclairés que par leur propre cavalerie. La liaison de tous les jours entre les armes doit y être si intime que chaque fantassin connaisse pour ainsi dire *de visu* les cavaliers appelés à traverser continuellement leurs lignes (1). Avec l'impressionnabilité de la troupe et la *nervosité de l'arme*, si j'ose m'exprimer ainsi, c'est la seule manière d'éviter les paniques et les méprises.

En un mot, le service d'exploration, le service de découverte, les reconnaissances d'officiers sont destinés à changer de but et de méthode.

D'autre part, un chef d'armée pourrait-il admettre la possibilité de l'action indépendante d'une arme aussi puissante, aussi rapide, dans ses lignes ? Ce n'est pas supposable. Sur le champ de bataille, le but est immédiat, la direction une, la décision instantanée. Il ne peut y avoir place pour deux buts, deux directions, deux décisions, deux responsabilités. C'est cette obligation qu'expliquait si bien le général Decaen à ses chefs de corps, avant de s'engager à Solférino.

En définitive, on se trouve en présence de deux intérêts opposés, résultant de deux situations différentes. Pour leur donner satisfaction,

(1) De Brack citait, comme exemple de cette nécessité, le 7e de ligne et le 7e hussards, qui étaient si bien fondus, qu'on leur accouplait les deux chiffres ; on les appelait, le 77e.

il paraît pouvoir suffire de les scinder dès le temps de paix. Dans ces conditions, il pourrait y avoir deux cavaleries, comme il y a une artillerie de campagne et une artillerie de forteresse, c'est-à-dire, une sorte de cavalerie d'infanterie et une cavalerie indépendante.

La première serait placée dès le temps de paix sous les ordres des généraux de division et des commandants de corps d'armée, au point de vue de l'instruction tactique, c'est-à-dire de son appropriation au service de liaison et de sûreté, de la division et du corps d'armée.

La seconde, indépendante, *absolument indépendante*, resterait sous la direction de son chef direct, ne recevant du commandant d'armée que des instructions générales. Placée aux ailes ou groupée suivant le terrain, elle aurait pour mission la destruction des forces de cavalerie opposées, la protection des flancs de l'armée, l'anéantissement du matériel de liaison de l'adversaire, les renseignements, etc...

En effet, débarrassée de la cavalerie adverse, cette cavalerie aurait le champ libre. Elle serait alors en mesure de faire un mal considérable, par son action rapide au milieu des lignes allongées de l'arrière, nécessaires pour le ravitaillement des masses modernes.

L'armée dite de combat s'avançant lentement avec ses engins, forme un bloc difficilement abordable de front. Il n'est faible que sur ses flancs et sur *sa queue allongée et diffuse, comme celle d'une comète.*

C'est en ces points que peut se manifester le rôle de la cavalerie.

Il peut être immense dans les mains d'un chef habile, connaissant le terrain et sachant l'utiliser. Il me semble répondre aux desiderata de l'auteur de l'article de la *Revue des Deux-Mondes.*

L'action d'une division de cavalerie suivie de son artillerie possède en fait un rayonnement de huit kilomètres, correspondant à la portée effective de ses pièces, celle de quatre mille mètres. C'est donc un cercle mouvant de huit kilomètres ayant au centre un noyau formé par la cavalerie de ligne et l'artillerie, et, à l'extrémité de ses rayons, les membres épars de sa cavalerie légère.

Cette masse, douée d'un mouvement rapide, pourrait prolonger les lignes de l'armée, les dépasser, les couvrir, s'allonger, se replier ou se condenser à volonté.

La brigade de cavalerie comprenant trois régiments, l'un de ligne, les deux autres légers et ses batteries, satisferait aux nécessités nouvelles de la vie propre de cette unité spéciale.

La simplification des manœuvres, les mouvements par lignes et par rang comme dans l'infanterie, le combat à pied, l'*instruction complète du tir*, les exercices en terrain varié, etc..., seraient les conséquences de ces modifications.

En définitive, deux tactiques bien distinctes; l'une pour la cavalerie attachée aux divisions d'infanterie; l'autre, pour la cavalerie indépendante.

La guerre n'est pas faite pour une arme, mais l'arme appropriée en vue de la guerre, en vue du but à atteindre. Ce but est double actuellement pour la cavalerie, il faut donc dédoubler l'instruction préparatoire.

Qui veut la fin, veut les moyens.

CHAPITRE VI

TACTIQUE DU GÉNIE

L'arme du génie vient en quatrième ligne. Les raisons en sont simples.

Elle ne peut vivre seule;

Elle n'a de valeur que par ses conglomérats.

Son objectif est l'attaque ou la défense du sol. Ce but, elle ne peut l'atteindre isolément. Pour l'attaque comme pour la défense de ce sol, elle a besoin d'autres aides. Elle emprunte à l'artillerie ses pièces de siège, à l'infanterie ses hommes, etc.

D'après le service en campagne, le génie est chargé des travaux de fortification permanente;

Des travaux d'attaque et de défense des places;

Des travaux de fortification passagère que les généraux jugent à propos d'établir, tels que: épaulements, tranchées, redoutes, fortins, têtes de pont, lignes défensives de toute nature, digues d'inondation, etc.;

Des travaux de marche et d'opérations, tels que : ouverture de passage, construction, rétablissement ou destruction des routes et ponts à supports fixes et mobiles, des travaux de réparation, de la destruction et de l'exploitation des chemins de fer ;

De l'aérostation et des communications par voie aérienne.

Son but est double. L'un est mobile. Il correspond aux opérations de l'armée. L'autre est immobile ; il concerne l'attaque et la défense des places.

Tous les deux sont immédiats, par cette raison qu'ils répondent à une nécessité fixe et positive.

En effet, dans le cours des opérations, une armée se trouve toujours dans l'une des quatre positions suivantes : stationnement, marche, combat offensif ou défensif.

En stationnement, les sapeurs aménagent les eaux, les puits, les abreuvoirs, les accès, etc.

En marche, ils ouvrent les passages et les rétablissent au besoin.

Dans le combat offensif, ils disposent les débouchés, en vue du déploiement, préparent au besoin l'attaque, ouvrent le passage aux colonnes, retournent contre l'ennemi les retranchements conquis, organisent les communications en arrière pour assurer l'arrivée des réserves.

Dans le combat défensif, ils exécutent les travaux préparatoires.

Dans les fortifications permanentes, tout est fixe.

La tactique du génie est donc double. Elle constitue *l'ensemble des dispositions aptes à régler l'emploi judicieux du soldat du génie et des engins mis à sa disposition sur un terrain donné, en vue du combat ou de l'attaque et de la défense des places.*

Les moyens de l'arme sont les instruments multiples dont se sert le soldat du génie pour l'exécution de ses travaux. En définitive, ces moyens sont ces travaux eux-mêmes, c'est-à-dire les fortifications permanentes et les fortifications passagères.

Instruments et travaux restent soumis à toutes les fluctuations résultant des inventions nouvelles. Plus ces inventions sont nombreuses, considérables, plus elles ont d'action sur les moyens dont dispose l'arme du génie. C'est le cas actuellement avec la puissance du tir, la poudre sans fumée et les explosifs.

Le sol, ce grand impassible, reste le *moyen* naturel de l'arme. Il est la base de sa tactique. De lui, celle-ci tire et son but et sa puissance.

A lui reviennent tous ses succès. A son étude,

et à son emploi doivent consister tous ses efforts.

On peut dire de l'arme qu'elle est fonction du sol.

Le soldat du génie doit être choisi en vue des travaux dont il assure l'exécution.

Une fois incorporé, on doit l'habiller. Ce vêtement n'est pas indifférent. En raison de l'extrême justesse du tir, sa couleur doit pouvoir se confondre avec celle du sol, avec celle des fortifications. L'observation faite pour les pièces d'artillerie, les modifications apportées dans la marine, ont également leur valeur pour l'arme du génie. Il y a lieu peut-être de rechercher ce qu'il est possible de faire dans cet ordre d'idées, sans dépenses onéreuses.

Une fois l'habillement et l'équipement donnés, commence l'instruction, c'est-à-dire la préparation à la tactique. Mais cette tactique est double, elle est passive ou active, mobile ou immobile. Elle concerne la fortification permanente ou les opérations d'une armée en mouvement. Il doit en résulter conséquemment deux préparations bien distinctes, deux troupes du génie, comme il y a deux artilleries, c'est-à-dire le génie de campagne et le génie de forteresse.

Le service de trois ans, les nécessités de la mobilisation, la variété de la tactique du génie invitent à ce dédoublement.

Cette obligation paraît s'imposer surtout pour

les places frontières. En effet, si la guerre est offensive, si les prémices en sont heureuses, les dites places perdent de leur importance. Par contre, elles constituent des dépôts pour la marche en avant et rendent disponible un personnel nombreux. Mais si la guerre est défensive, si les débuts sont difficultueux, ces mêmes places acquièrent une valeur capitale dès le lendemain de la mobilisation. Or, à ce moment, il sera déjà trop tard pour habituer les troupes du génie à leur système particulier de défense. Dans ce but, on a constitué les gouvernements de places fortes, ainsi que le bataillon d'artillerie de forteresse, en partant de ce principe de guerre si bien posé par tous nos grands chefs, particulièrement par les généraux Berthaut, Lewal, Billot et Fay. « On doit commander dès le temps de paix, ce qu'on doit commander en temps de guerre. Toute infraction à cette règle, tout parallélisme maintenu dans la direction est une cause de faiblesse. » Dans cet intérêt, le gouvernement vient de faire voter la loi sur l'accroissement des cadres des états-majors, afin de ne pas être exposé à des mutations dangereuses, au moment de la mobilisation.

Les mêmes nécessités existent pour l'agencement et l'instruction des troupes du génie.

La multiplicité des connaissances exigées par la nature de ce service, les inventions nouvelles, leur caractère essentiellement positif, constituent autant de preuves à l'appui de la thèse dont je me permets de me faire l'interprète.

L'homme n'est pas universel. Il vaut mieux faire convenablement une chose que d'en faire plusieurs passablement.

D'après le cours fait à l'École supérieure de guerre, « la fortification n'est qu'un moyen au service de la stratégie et de la tactique. »

Cette définition ne me paraît pas d'une rigueur absolue.

La fortification passagère n'a rien de commun avec la stratégie. En effet, cette espèce de fortification a quelque chose d'instantané, d'immédiat dans son exécution, sans rapport avec l'idée stratégique dont la caractéristique est l'indéterminé.

La fortification permanente également ne peut avoir d'action sur la tactique que d'une façon aléatoire, par suite de la situation particulière du champ de bataille, près d'une place de guerre.

Elle n'est pas non plus un moyen au service de la stratégie. Quelle stratégie d'ailleurs? Est-ce de la stratégie préventive, de celle du temps de paix? Est-ce de la stratégie active, de celle du général en chef.

Or, la guerre sera offensive ou défensive. Si elle est défensive, il est hors de doute que cette fortification permanente deviendra un aide pour sa stratégie. Les mouvements et les ordres se ressentiront de leur présence. Dans l'offensive, il n'en est plus de même. Les fortifications permanentes sont celles de l'adversaire. Elles ne sont plus des moyens, mais des obstacles. On est donc en droit de modifier cette définition de la façon suivante :

La fortification passagère est un moyen au service de la tactique générale.

La fortification permanente est un moyen au service de la stratégie de la défense.

Mais à dire vrai, ces deux espèces de fortification constituent une seule et même tactique, celle du sol, tactique très complexe, à la fois militaire et civile, touchant à tout, et constituant à elle seule, une science.

CHAPITRE VII

TACTIQUE DES SERVICES

Tout comme les armes, les différents services de l'armée (états-majors, services administratifs, service de santé, etc...) ont, pour agir dans un intérêt donné, des hommes, des moyens et des milieux. Or cet agencement constitue la tactique de chaque arme. Il est donc permis d'en déduire également une tactique pour chaque service.

Il est aisé, du reste, de se rendre compte de cette nécessité. Les services n'ont-ils pas leur place dans les cantonnements, dans les colonnes, pendant le combat, dans les gouvernements. Mais ces places, ces fonctionnements ne sont pas soumis à l'action du hasard. Ils doivent être au contraire bien délimités, bien fixés dès le temps de paix, si l'on ne veut pas s'exposer à des difficultés de toute sorte, lors de la mise en application. Et ces difficultés augmentent tous les jours avec les portées des engins de guerre et les masses à mettre en mouvement. Donc l'étude de la tactique de chaque service devient une loi rigoureuse.

Service d'état-major. — Dans toute action, il y a une direction, une transmission, puis une exécution.

Le phénomène est d'ordre général.

Or l'état-major constitue le rouage de transmission entre le commandement (direction) et les troupes et services (exécutants).

Que dit en effet le service en campagne : « Les fonctions d'un chef d'état-major consistent à transmettre les ordres du général et à exécuter ceux qu'il en reçoit personnellement pour l'établissement des cantonnements, des bivouacs et des camps, les distributions, les ravitaillements, les réquisitions, les mouvements de troupes, le service de sûreté en station et en marche, les travaux à exécuter, les reconnaissances, les renseignements de toute nature à recueillir sur l'ennemi, les visites des postes et toutes les autres parties du service, etc. »

D'après la loi du 20 mars 1880, « les officiers du service d'état-major sont les agents du commandement. »

En définitive, le but du service, c'est l'aide du commandement.

Les officiers du cadre, les officiers archivistes,

les secrétaires d'état-major, les pla .tons, les estafettes, etc., constituent les moyens, comme personnel. Le télégraphe, le téléphone, les sémaphores, l'optique, l'aérostation, les voies de communication, etc., sont les moyens matériels. Ils en font partie intégrante.

On peut dès lors définir la tactique du service d'état-major : *l'ensemble des dispositions aptes à régler l'emploi judicieux des rouages de transmission entre la direction et l'exécution, en vue de la guerre et pendant la guerre.*

Partout où il y a exécution, il existe en effet une direction et par suite une transmission, c'est-à-dire un service d'état-major.

Mais le but, comme la direction, comme les milieux, varient. Il en résulte une variété conséquente dans la tactique du service.

Pour le service d'état-major proprement dit, celui dont l'usage est réglé par les instructions en vigueur, trois situations se présentent; les opérations actives, les gouvernements de places et le territoire. A ces trois situations correspondent trois tactiques distinctes. En y ajoutant celle résultant des milieux, tels que l'Algérie, le Tonkin, les pays de montagne, etc., on aura le nombre des règlements à préparer à l'avance, si l'on veut se trouver en mesure de faire face aux différentes éventualités.

Pour toutes les armées en campagne, l'instruction tactique du temps de paix commence avec les manœuvres de division et de corps d'armée.

En temps de guerre, la tactique du service a son point initial au moment où les troupes, une fois mobilisées, reçoivent les ordres en vue de la concentration.

Services administratifs. — Ces services sont très complexes. Ils comprennent : l'organisation, la direction et la transmission en vue de l'exécution des différents services qui les composent : subsistances, habillement, campement et transports ;

La répartition et la direction du personnel ;

La surveillance et le contrôle habituel de l'administration et de la comptabilité des corps de troupes et des détachements ;

La passation et l'exécution des marchés de toute nature relatifs aux subsistances, à l'habillement, au campement, aux hôpitaux et ambulances, aux transports par terre, par canaux, par rivière et par mer.

La réunion, au moyen d'achats, de versement, d'expéditions, de réquisitions, de contributions, des denrées et du matériel nécessaires à l'armée ;

Les propositions au commandement, des lieux d'emmagasinement, de fabrication et de distribution, etc...

Leur but est l'entretien de l'armée.

Leur tactique représente l'*ensemble des dis-*

positions aptes à régler l'emploi judicieux du personnel administratif et des ressources de toute nature nécessaires à l'entretien des troupes partout où celles-ci se trouvent placées.

Cette définition suffit à démontrer la difficulté extrême du problème à résoudre. En effet, les moyens sont multiples et diffus comme les ressources. Les milieux sont les théâtres d'opérations, et ceux-ci, pour les armées belligérantes, sont de nature essentiellement mobile. Le but change également avec l'idée du chef, le caractère de la lutte, offensive ou défensive. De cette variété des termes résulte nécessairement la variété des tactiques, et par suite le nombre des instructions et des règlements à préparer si l'on désire se trouver en état de faire face à toutes les éventualités, sur tous les théâtres d'opérations imaginables.

L'instruction est également presque impossible. Les grandes manœuvres du temps de paix ne donnent qu'une idée fausse de la tactique administrative en guerre. En effet, pendant cette période d'exercice, les ressources sont toujours abondantes, les données du problème connues, les effectifs réduits, le théâtre de la lutte minime, les services plus qu'incomplets.

A propos de la tactique d'infanterie en 1870, je citais ce mot d'un grand chef : « nous avons pensé et agi en turcos ». Cette expression pourrait peut-être s'appliquer plus encore, à propos des services administratifs. Le caractère positif et restreint de la lutte du siège de Sébastopol, en Chine, en Syrie, en Afrique, au Mexique, avait donné à la tactique des services administratifs l'apparence d'une maison de commerce croyant avoir tout fait, parce qu'elle se procurait tout de l'arrière, en quantités suffisantes pour un nombre d'hommes, de chevaux et de jours déterminés.

En 1870, dès le début de la guerre, on s'était vite aperçu du vice d'un pareil mécanisme.

A Strasbourg, on offrait à l'intendance, et dans des conditions plus qu'avantageuses, le bétail sur pied existant sur les plateaux de l'Hundsruck. Avant tout, les propriétaires voulaient soustraire ces ressources à l'adversaire, pour en faire profiter l'armée française. C'était pratique. L'intendant en chef s'empressa de refuser. « Les vivres-viandes, disait-il, étaient soumissionnées à une compagnie de Paris, la maison L... L'administration n'avait donc pas à s'en occuper. » En ce disant, son représentant était sincère. Il se croyait libéré de toute espèce de responsabilité, et pourtant les troupes du maréchal de Mac-Mahon manquaient du nécessaire.

Depuis la guerre de 1870, chacun s'est mis à l'œuvre. On a fait un pas immense dans la rénovation de ces services. Mais le problème lui aussi a changé d'aspect. La lutte prochaine, nous avons déjà eu l'occasion de le dire, ne ressemblera en rien aux anciennes. Les masses à mettre en mouvement et à entretenir seront fort différentes des précédentes. Il en résultera des modifications profondes dans la tactique des services administratifs, ou mieux dans les tactiques desdits services.

En raison de l'amplitude du problème, de la connexité des solutions possibles avec l'économie politique et l'économie sociale, avec l'État, avec les différents ministères, la question a donc pris un développement inattendu. C'est une science, dans toute l'acception du mot, science digne des aptitudes du chef actuellement chargé d'en préparer les applications.

Service de santé. — D'après les règlements, le service de santé comprend des services de première ligne et des services de l'arrière.

En première ligne, il se compose du service régimentaire, du service des ambulances et de celui des *hôpitaux mobiles.*

Au service de l'arrière, se rattachent *les hôpitaux mobiles immobilisés*, les dépôts de convalescents, les ambulances d'évacuation, les trains d'évacuation, les ambulances provisoires de gare, les hôpitaux de l'intérieur et les sociétés de secours aux blessés.

Ces définitions ne visent qu'un service idéal

de guerre. Dans les camps retranchés, en pays de montagne, en Algérie, dans les colonies, etc., l'agencement est tout autre.

Hommes, moyens, milieux, but, tout en effet a son action sur le problème tactique du service de santé. On peut le résumer en ces mots : *l'ensemble des dispositions aptes à régler l'emploi judicieux du personnel médical et des moyens mis entre ses mains pour l'entretien sanitaire des troupes, partout où celles-ci se trouvent placées.*

Le but est d'assurer l'état sanitaire des hommes.

Dans les grandes armées, le service de santé est par lui-même, par son matériel, une cause de ralentissement considérable de mouvement. En raison de son caractère international, il peut donc être simplifié sans inconvénients d'aucune sorte. Si l'on est vainqueur, on marche en avant, et le service de l'arrière devient un service national des plus aisés.

Si la lutte est désavantageuse, le service de première ligne se trouve fait par l'adversaire, et celui de l'arrière devient un embarras et une inutilité.

En résumé, dans les guerres européennes, le service de santé en temps de guerre paraît devoir ne comprendre que le service régimentaire, celui des ambulances, des trains d'évacuation et des ambulances provisoires de gare.

Le reste doit incomber au service national, c'est-à-dire au service civil. Avec des masses en mouvement de quatre millions d'hommes, on ne peut en effet prétendre à la présence d'un médecin militaire derrière chaque unité.

L'intensité du feu et la portée considérable du tir actuel seront également des causes profondes de modifications dans les agissements des médecins militaires de corps et des brancardiers sur les champs de bataille.

Par la même raison, les ambulances devront choisir des emplacements plus éloignés, et surtout les bien prendre en dehors des voies d'accès, pour ne pas gêner les mouvements de l'artillerie et des troupes.

Mais, en guerre de montagne, dans les camps retranchés, quelles seront les méthodes à employer ?

Sur ces points, le service en campagne, à part les quelques articles consacrés aux opérations d'une armée, est muet.

En temps de paix, pendant les grandes manœuvres, le service régimentaire seul fonctionne, mais de façon tout à fait incomplète. En réalité, il n'y a pas de préparation à une tactique dont l'application reste une grande inconnue. Or, dans cette machine si compliquée du service de santé, tout est à prévoir, tout est à élucider à l'avance, si l'on ne veut pas aboutir à quelque confusion extrême.

Cette préparation n'est pas technique. Elle est à la fois stratégique et tactique. Elle est du ressort de l'état-major général. Les autres services, *télégraphie militaire*, *service du trésor et des pertes*, *service des étapes aux armées*, *service des transports militaires*, *etc*... ont également leurs tactiques, et ces tactiques varient en raison du but à atteindre et du milieu où ils s'emploient. Il faut les bien étudier.

Comme le disait le maréchal Bugeaud : il y a déjà bien assez de cas inopinés à la guerre, pour ne pas avoir grande attention d'élucider à l'avance les solutions de ceux susceptibles d'être prévus.

CHAPITRE VIII

TACTIQUE GÉNÉRALE

Chaque arme, chaque service a sa tactique.

Chacune de ces tactiques varie suivant les appuis prêtés par une ou plusieurs armes, par un ou plusieurs services.

Une fois groupés et agglutinés, ces armes et ces services constituent une masse, soumise à une tactique supérieure, *la tactique générale*.

On peut définir cette tactique : *l'ensemble des dispositions aptes à régler l'emploi judicieux d'une troupe composée de toutes armes et des différents services, sur un terrain donné, en vue d'un but déterminé.*

Dans les grandes armées modernes, ces conditions d'être s'appliquent tout d'abord à la division d'infanterie. C'est en effet la première unité comprenant les armes et les services, et vivant de sa vie propre. Le corps d'armée, l'armée, le groupe d'armées, la division de cavalerie indépendante, un gouvernement militaire de places, une colonne composée de toutes armes se trouvent dans le même cas.

En effet, le chef de la petite expédition du Dahomey fait de la tactique générale, tout comme Davoust ou Kléber, à la tête de leurs troupes. Il a sous ses ordres des fractions de toutes armes, de tous services, un terrain spécial, un but déterminé. Et de cette combinaison d'éléments divers, résulte une manière d'agir soumise aux règles de la tactique générale.

Mais s'il y a variété de termes, il y a variété dans l'ensemble, dans les règles à intervenir. Par conséquent, cette sorte de tactique est loin d'être une. Elle diffère suivant les diverses combinaisons possibles.

Or, les instructions officielles susceptibles de guider les officiers dans l'étude de ces grandes questions visent uniquement le cas des luttes européennes, en terrain normal. Encore ces indications paraissent-elles avoir trait plutôt à certains détails d'exécution qu'à l'ensemble. L'article 196 du service en campagne est le seul faisant allusion à ces opérations générales.

Dans cet ordre d'idées, des officiers généraux proposent de préparer à l'avance les méthodes de guerre susceptibles d'être employées en chaque pays. Cette opinion semble juste. Elle a déjà fait son chemin dans le public. A propos des derniers événements du Dahomey, la *Revue du Cercle militaire* publiait le journal de la colonne du Rip au Sénégal en 1887. Elle donnait des plans, les formations en usage, particulièrement celle de la colonne dans le Marigot de Goumbof, les instructions pour les marches, la défense et l'attaque, etc.

FORMATION EN CARRÉ
DE LA COLONNE DANS LE MARIGOT DE GOUMBOF

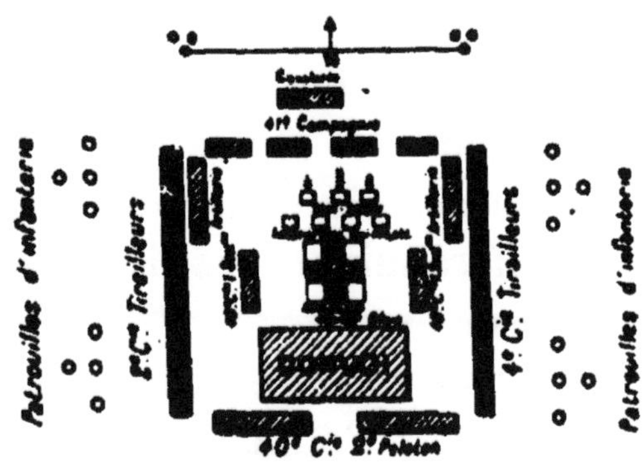

GOUM DE GUEDEL (Tour du Saloum)

L'idée était ingénieuse, elle plut, mais elle était tardive.

Ce rôle de préparation incombe d'ailleurs à l'état-major général. Ce dernier, en effet, a seul qualité pour aborder les solutions de ces problèmes avec le tact désirable et le caractère confidentiel nécessaire. Certains procédés communs à tous peuvent être vulgarisés. Il en est autrement des principes de la direction; ceux-ci n'intéressent que le commandement.

Mais il est une autre sorte de préparation, c'est l'instruction du temps de paix.

Pour la tactique générale, elle commence avec les manœuvres de division d'infanterie, de cavalerie, de division contre division, de corps d'armée contre un ennemi simulé, contre un autre corps d'armée, enfin dans les exercices de cadres des mêmes unités. Malheureusement, le temps qu'on y consacre est des plus minimes.

A ce propos, M. le général Philebert fait certaines observations. « Nous réclamons, dit-il énergiquement, de fréquentes manœuvres, de nombreuses occasions de s'exercer et d'exercer la troupe et ses cadres au combat qui est leur véritable métier, et non à la parade qui est un simple hors-d'œuvre.

« Dans l'état actuel, c'est à peine si chaque division manœuvre une fois tous les trois ans et si chaque corps d'armée manœuvre une fois tous les six ans.

« Quelque bien doués que soient nos officiers, quelque attention, quelque zèle qu'ils y apportent, il est difficile que des manœuvres aussi rares puissent avoir sur leur instruction une influence décisive, car cela se réduit en réalité, avec le temps indispensable pour réunir les troupes dispersées dans une multitude de garnisons fort éloignées les unes des autres, à six ou huit jours au plus de manœuvres.

« Que faire d'une armée qui ne peut apprendre, ni à manœuvrer, ni à se servir de ses armes ? Qu'importe un fusil supérieur, un matériel excellent, etc., si l'on ne sait pas s'en servir ? »

Ces observations paraissent fondées. En effet, la situation défectueuse ainsi signalée peut avoir des conséquences bizarres.

Dans une grande guerre européenne, les applications de la tactique générale constituent le *summum* des connaissances acquises. Elles sont du ressort des généraux de division. De leur bonne ou mauvaise entente peut dépendre le salut de tous. Et c'est précisément à cet agencement supérieur qu'on se trouve le moins préparé.

On peut arriver à ce grade élevé et l'occuper en temps de guerre, sans même avoir exercé en manœuvre de temps de paix le commandement qu'il comporte.

De deux officiers généraux, l'un sera absent onze mois sur douze, mais il sera présent aux grandes manœuvres. Au point de vue de l'instruction tactique, il se trouvera dans des conditions identiques à celles de son collègue, occupé toute l'année, dans un commandement prétendu actif, à faire du service courant.

Ces faits expliquent comment les officiers

d'état-major, ayant eu la fortune d'être les chefs d'état-major de généraux chefs de grandes unités tactiques en guerre ou en manœuvre, se sont trouvés plus prêts pour occuper ces emplois que leurs camarades, plus techniques, ayant plus l'habitude des troupes, mais n'ayant pas eu l'occasion de pratiquer les masses.

D'autre part, même dans ces grandes manœuvres, les éléments suffisants d'instruction font défaut. Je ne parle pas des inconnues de la guerre, des projets de l'adversaire, etc., mais des causes provenant des effectifs et des services réduits, ainsi que du terrain repéré à l'avance.

Est-il donc possible d'obvier à ces inconvénients, sans accroître les charges budgétaires, déjà si colossales? Je le crois, en multipliant les exercices de cadres pour les divisions, les corps d'armées et les armées; en se contentant de manœuvres annuelles de brigade comme complément de l'instruction régimentaire, en faisant enfin du camp de Châlons le centre d'instruction de tactique générale.

Une division constituée sur le pied de guerre avec tous ses services, du mois de mai au mois d'octobre, y servirait d'école pratique pour MM. les officiers généraux (1).

(1) Dans le même ordre d'idées, ne pourrait-on pas appliquer au tir d'infanterie, aux exercices tactiques, la méthode adoptée par la direction d'artillerie? A la suite des écoles à

Le rapport sur les manœuvres d'infanterie du 12 juin 1875 admettait, comme principes de la tactique de la division, les règles suivantes :

« Il faut tirer des trois armes agissant sous une impulsion unique le meilleur parti. Pour cela, il est indispensable que les formations adoptées pour chacune d'elles lui permettent de mettre en œuvre toute sa puissance et de prêter aux autres ou d'en recevoir l'aide nécessaire sans gêner en rien leur action. De plus, ces formations devront être telles qu'elles puissent facilement être modifiées suivant les circonstances et qu'elles donnent ainsi au commandement la possibilité d'user de son initiative.

« Les troupes seront suffisamment fractionnées afin d'éviter le feu.

« Le front moyen de la division doit être de quinze cents mètres, afin d'assurer une certaine consistance.

« L'artillerie peut tirer par-dessus les troupes.

« La cavalerie se placera en arrière ou aux ailes.

« La division sera sur deux lignes, chaque

feu annuelles et des rapports dont elles ont été la cause, la direction fait paraître une notice constatant les erreurs commises, les améliorations faites, les points à observer, etc... Il en résulte une émulation et une instruction constantes, dont les effets sont excellents à tous égards.

brigade formant une ligne, ou les brigades accolées... etc. »

Ces principes, excellents au moment où ils étaient émis, se trouvent nécessairement modifiés aujourd'hui, mais dans une mesure moindre en définitive qu'on ne pourrait se l'imaginer.

La prise de contact avec l'adversaire sera évidemment plus difficile qu'autrefois. Les reconnaissances deviendront plus délicates. Les avant-gardes devront être plus fortes, si elles veulent fouiller suffisamment le terrain.

Le déploiement se fera lentement. Il commencera à quatre mille mètres de l'adversaire.

L'étendue du front de la division encadrée pourra être portée à dix-huit cents ou deux mille mètres, tout en conservant les brigades accolées, à moins que la composition de la division en trois brigades ne permette d'en mettre deux immédiatement en ligne.

La cavalerie divisionnaire n'aura plus qu'un rôle de liaison pendant le combat.

La cavalerie indépendante, mais cette fois réellement indépendante, et placée aux ailes ou à l'une des ailes, sera appelée à jouer un rôle considérable sur les flancs de l'adversaire et contre la cavalerie adverse.

L'artillerie pourra tirer par-dessus les troupes et concentrer ses feux, de manière à éviter tout changement de position inopportun.

La quatrième arme, celle du génie, dont ne parlait pas le règlement de 1875, exercera une action de plus en plus efficace, et cela pour deux raisons : ses travaux de fortification passagère et son emploi de l'aérostation, du télégraphe, du téléphone et des voies ferrées.

La conduite et l'entretien du feu de l'infanterie et de l'artillerie joueront un rôle encore plus considérable que par le passé.

Dans cette pluralité d'efforts, l'arme de l'infanterie prendra une prépondérance toujours croissante.

Mais, de toutes les causes influant sur le résultat définitif, la plus importante sera sans contredit celle résultant de la connaissance du terrain de la part du chef, en raison des masses en mouvement, de l'étendue des lignes et de l'impossibilité de se faire par les feux ennemis une idée toujours nette de la position de l'adversaire.

En somme, la physionomie du combat sera à peu près la même qu'autrefois. Seulement les distances à parcourir pour s'aborder seront plus grandes, les préliminaires de la lutte plus lents, les résultats plus décisifs.

Est-ce à dire que la guerre sera moins longue? Bien des personnes le croient. Il importe de se bien pénétrer de l'idée contraire.

En voici les raisons :

Avec les masses armées dont on dispose, on

ne peut avoir la prétention de les amener toutes à la fois sur un champ de bataille unique où le sort des deux nations concurrentes se déciderait après une ou plusieurs journées de combat. Les terrains susceptibles de permettre la mise en ligne de plusieurs centaines de mille hommes sont rares. D'ailleurs, ils doivent au préalable répondre à des conditions suffisantes de concentration et d'entretien des troupes. Dans l'Europe centrale, le nombre n'en est pas grand.

L'un des plus curieux et des plus fatidiques est certainement celui situé près d'Unna, en Westphalie, à l'est du plateau si bien exploré par Turenne en 1672. Je veux parler du fameux champ de bataille de Werl, *du carrefour du bouleau*, entre Weser et Rhin.

D'après les anciennes légendes, Allemands et Latins doivent s'y battre pendant trois jours. Ce sera la lutte finale. La victoire restera aux Latins commandés par un général monté sur un cheval blanc. Le chef allemand disparaîtra. Une paix universelle suivra ces incidents (1).

Fait bizarre, ce théâtre de combat est situé sur la ligne directe de Paris à Berlin, à la sortie du bassin houiller de la Ruhr, à proximité des villes de fer, Elberfeld, Barmen,

(1) Voir à l'appendice.

Essen, Witten et Dortmund. Dix voies ferrées y aboutissent.

Je ne saurai trop le répéter d'ailleurs, même de telles batailles ne suffiront pas pour arrêter la lutte. Évidemment il y en aura une dernière, mais, après combien d'autres, viendra-t-elle? On ne le peut prédire.

Avant que l'ennemi soit venu à bout des quatre millions d'hommes dont la France dispose aujourd'hui, quelques efforts seront à tenter, et ceux-là autrement considérables qu'en 1870, c'est-à-dire à une époque où nous n'avions à mettre en ligne que trois cents mille hommes incomplètement agencés.

Or, dit le général Bardin, « pour répondre à de telles nécessités, la tactique générale approchant le plus de la perfection sera celle qui sera à la fois la plus simple, la plus célère, la plus précise, la plus flexible et la mieux assortie au génie de la nation. »

Mais, les chefs destinés à préparer et à appliquer les règles de cette tactique générale ne sont autres que les membres éminents du conseil supérieur de la guerre.

Ils ont un intérêt capital à s'assurer de la mise au point de l'instrument grandiose dont ils auront à se servir.

A eux donc revient l'honneur de présider et de diriger ces grandes assises de la tactique générale au camp de Châlons.

Ne restent-ils pas pour nous tous les dépositaires naturels des principes de cette science si vaste, si stupéfiante aujourd'hui, celle de la conduite des armées modernes?

CHAPITRE IX

TACTIQUE NAVALE

La tactique navale procède et doit procéder dans des conditions analogues à celles des armes et services de l'armée de terre. En effet, pour se manifester, des hommes, des moyens, un milieu, un but, lui sont nécessaires.

Dans le cas présent, les hommes sont des matelots ; les moyens, des vaisseaux et des bâtiments de différents modèles, munis d'engins particuliers. Le milieu est l'eau ; le but, les différentes opérations de guerre incombant à l'armée de mer.

On peut en déduire cette définition de la tactique navale : *l'ensemble des dispositions aptes à régler l'emploi judicieux des matelots, des bâtiments, canons et matériel mis à leur disposition, le tout se mouvant dans un mi-*

lieu identique, l'eau, en vue d'un but immédiat.

Tous les termes de cette formule sont autant de variables influant sur la solution.

Le matelot se différencie avec le lieu d'origine.

Les vaisseaux et les bâtiments sont loin d'être du même type. L'armement varie avec chacun d'eux.

La mer avec ses changements d'état si brusques est une cause de perturbation profonde.

Le but, lui aussi, est loin d'être immobile. L'attaque d'une flotte, la protection d'un convoi, la prise d'un port, le forcement d'une rade, d'un estuaire, le blocus d'une côte, etc.... constituent autant de modes d'emploi de la part des chefs.

La nature de la contrée près de laquelle se fait la lutte, la qualité des forces et des obstacles à rencontrer, ont également leur action sur la manière d'agir possible.

Mais de tous ces éléments si divers, le plus important est sans contredit le bâtiment de guerre.

Comme le fusil pour l'infanterie, le canon pour l'artillerie, il reste le pivot réel de l'agencement général.

Chaque sorte de bâtiment a sa vie propre, son armement et son gréement.

On est donc en droit de dire qu'en l'état actuel de la flotte, chaque espèce de bâtiment a sa tactique.

Et cette tactique se modifie selon que le bâtiment se trouve devoir agir de concert avec un ou plusieurs bâtiments d'une espèce différente de la sienne, contre un ou plusieurs bâtiments adverses.

Elle devient de la tactique générale, lorsque les bâtiments de types divers, vaisseaux, croiseurs, torpilleurs, etc., sont réunis sous un même commandement.

Dans cette sorte de tactique, je n'ai pas à faire intervenir celle des services. La raison en est simple. Il n'y a pas de tactique de services dans la marine. Chaque bâtiment reçoit ce qui lui est nécessaire en munitions, en approvisionnements de toute sorte, en raison du chiffre de son personnel et du temps probable à passer en croisière.

Le ravitaillement se fait en des points déterminés, et toujours d'après des données fixes. Dans de telles conditions, ces points ressortissent plutôt à la stratégie navale qu'à la tactique.

En définitive, la tactique générale navale n'a pas actuellement de règles bien définies. Le fait n'a rien d'étonnant. Les éléments continuellement nouveaux entrant comme facteurs dans l'équation sont appelés à apporter des modifications conséquentes dans le résultat. Quelle sera la valeur relative des cuirassés d'escadre, des croiseurs à grande vitesse, des torpilleurs, des pièces de gros calibre, tels que le quarante-deux ou le trente-sept, des explosifs, de la poudre sans fumée, etc...? Il est malaisé de pouvoir le déterminer exactement.

L'expérience et la pratique seraient seules susceptibles de fixer l'opinion. Or, elles font défaut. On a bien eu quelques opérations de guerre en Chine, mais ces affaires, toutes spéciales, sont à la grande guerre future ce que les combats de l'Algérie et du Mexique ont été aux batailles de 1870, plutôt un danger qu'une utilité.

Les évolutions d'escadre sont à peu de chose près dans le même cas. Tout avantageuses qu'elles soient au point de vue du commandement et du maniement des bâtiments de types si différents, elles n'offrent pas des thèmes suffisants d'expériences pour assurer des méthodes de guerre.

Est-ce à dire que rien n'ait été obtenu? Nullement. Nombre d'observations heureuses et de modifications utiles ont été faites. Elles auront leur valeur au moment de l'application sérieuse. Il y aurait plus d'un inconvénient à les développer ici.

Mais, quoi qu'il en soit, sur bien des points la

tactique navale constitue une inconnue, dont la solution, plus que dans toute autre arme, demeure dans les mains des chefs de nos escadres et de nos bâtiments.

CHAPITRE X

DES QUALITÉS TACTIQUES

Nous venons de passer successivement en revue les différentes tactiques.

Toutes varient, toutes ont un but différent. Il suffit d'énumérer leurs définitions pour s'en rendre bien compte.

La tactique est fonction de quatre forces essentiellement variables, l'homme, les moyens, les milieux et le but.

La tactique d'infanterie constitue l'ensemble des dispositions aptes à régler l'emploi judicieux du fantassin, du fusil et du milieu, en vue de l'attaque ou de la défense immédiate.

Celle de l'artillerie comprend l'ensemble des dispositions aptes à fixer l'emploi judicieux de l'artilleur, de la pièce et du terrain, en vue de la bataille, de la guerre de montagne, de la guerre de siège ou de la défense des côtes.

Celle de la cavalerie répond à l'ensemble des dispositions déterminant l'emploi judicieux du cavalier, de son cheval et du terrain, en vue du combat, de la destruction rapide et de l'information.

La tactique du génie concerne l'ensemble des dispositions réglant l'emploi judicieux du soldat du génie et des engins mis à sa disposition sur un terrain donné, en vue du combat ou de l'attaque et de la défense des places.

La tactique générale résume l'ensemble des dispositions assurant l'emploi judicieux d'une troupe composée de toutes armes et des différents services, sur un terrain donné, en vue d'un but déterminé.

Mais cette diversité dans les définitions entraîne une diversité conséquente dans les applications et dans les aptitudes de ceux destinés à faire ces applications. Il est certain que les qualités nécessaires au soldat d'infanterie sont différentes de celles du cavalier ou du sapeur. Or, ce qui est vrai pour les hommes, l'est également pour les officiers. L'obligation de ces qualités s'accroît avec le degré de responsabilité, c'est-à-dire avec le grade et le nombre ou la variété des unités à diriger.

Évidemment, les qualités ne seront pas les mêmes pour commander une section, une compagnie, un bataillon, un régiment ou une division.

Ce problème du commandement est un phénomène tout physiologique.

Il n'est aucun d'entre nous qui ne connaisse des peintres, des musiciens très méritants, capables de traiter un sujet donné, mais hors d'état d'aborder une vaste composition, un opéra. Dans l'industrie, dans les affaires, dans les choses de l'esprit, le même fait se présente. Il en est qui mènent fort bien une ou deux entreprises de front, mais qui se trouveraient les plus empêchés du monde, s'il leur fallait en combiner instantanément quatre ou cinq. L'impression persistante des images auxquelles ils sont habitués ne leur permet pas d'entrevoir les autres.

L'indécision, cette maladie de la volonté, si bien décrite par M. Ribot, est dans le même cas. Pour décider, et cela, pendant le danger, il faut vouloir. Mais, pour vouloir, il faut que dans notre cerveau, une image résultant de la juxtaposition et de la combinaison de plusieurs autres, devienne prédominante et agisse par action réflexe sur nos paroles et sur nos actes. Beaucoup n'y peuvent arriver. Ils flottent alors et subissent volontiers l'opinion du premier venu.

L'entêtement, les jugements préconçus sur les hommes et sur les choses, etc., ne sont que des états morbides du même ordre.

Or le commandement des hommes n'est

que l'expression de cette situation de notre être. On peut être excellent lieutenant et capitaine médiocre, parfait commandant et passable chef de corps ; très bon colonel et général inférieur.

L'archiduc Charles, Jomini, Lewal, etc., sont tous de cet avis. « On peut, disent-ils, connaître parfaitement les manœuvres et ignorer complètement la guerre ; être fort brillant sur le Champ de Mars et fort médiocre sur le champ de bataille. »

La question du recrutement des cadres est donc chose capitale. Elle prend chaque jour une importance nouvelle avec les développements inattendus de la science de la guerre. Elle est surtout urgente dans l'arme de l'infanterie, dont la prépondérance s'impose de plus en plus.

Théoriquement parlant, l'unité d'origine des cadres d'officiers serait évidemment désirable. Mais entre l'idée et le fait, il y a un monde, des traditions, des services rendus, etc..... Il n'y faut donc pas songer encore. Tout au moins, serait-il possible de faire participer nos deux grandes écoles, Saint-Cyr et Polytechnique, au recrutement des cadres de toutes les armes ? Beaucoup d'officiers le croient et le souhaitent dans l'intérêt de la répartition des facultés et de la liaison des armes entre elles.

Mais dans les applications de la tactique

générale, c'est-à-dire dans les grades élevés, les qualités nécessaires au commandement s'imposent avec une rigueur encore plus grande.

Dans l'infanterie, il faut de l'énergie;

Dans l'artillerie, du calme;

Dans la cavalerie, du coup d'œil et de la hardiesse;

Dans le génie, de la ténacité;

Dans le service d'état-major, l'esprit de synthèse et l'acharnement au travail; dans les services administratifs, l'esprit d'ordre et de ressources.

Or, faire de la tactique générale, c'est diriger toutes ces armes, tous ces services, utiliser toutes ces qualités, en un mot, les posséder soi-même pour les bien apprécier et surtout les bien utiliser.

« Il faut, pour commander, dit Clausewitz, une âme forte, d'une trempe exceptionnelle, et, au point de vue guerrier, une âme forte n'est pas celle qui est simplement capable de fortes résolutions, mais celle qui en les prenant conserve son équilibre. »

« Entre les gens de cœur, disait également Richelieu, il y en a qui sont vaillants par nature et d'autres qui le sont seulement par raison. Les premiers sont beaucoup meilleurs pour soldats que pour capitaines. »

D'après Napoléon, « le succès à la guerre tient tellement au coup d'œil et au moment, que la bataille d'Austerlitz, gagnée si complètement, eût été perdue, s'il eut attaqué six heures plus tôt. »

L'imagination, ces fameuses voiles du maréchal Bugeaud, jouent aussi un grand rôle. Suivant Von der Goltz, « une des qualités les plus considérables, celle à laquelle on prête le moins d'attention, c'est l'imagination. Le manque d'imagination fait naître mille doutes qui entraînent les chefs à prendre de fausses dispositions. »

« Le coup d'œil militaire, a dit Napoléon, est l'aptitude à juger promptement et sûrement les conditions de l'attaque et de la défense, par la vue, l'ouïe et l'intelligence. Le caractère permet seul de l'utiliser et d'appliquer la solution par le jugement.

« Mes facultés intellectuelles ne consistaient que dans une plus grande mobilité des fibres de mon cerveau. Je pensais plus vite que les autres.

« Le chef qui fait les grandes choses est celui qui réunit les qualités civiles. C'est parce qu'il passe pour avoir le plus de capacité que le soldat lui obéit et le respecte. Il faut entendre raisonner au bivouac. Le soldat estime plus le général qui sait calculer que celui qui a le plus de bravoure.

« Je savais bien ce que je faisais quand, général d'armée, je prenais la qualité de membre de l'Institut, j'étais sûr d'être bien compris, même par les derniers tambours. »

La mémoire des localités entre également en ligne de compte. Napoléon comparait l'officier à qui elle fait défaut, à un appartement sans meubles, à une place forte sans garnison. Il entendait par cette faculté, celle permettant de se rappeler à toute époque un terrain, un objet, de le pouvoir comparer instantanément à un autre, en un mot, de pouvoir reconstituer tout un théâtre d'opérations, par un jeu de l'esprit, à la simple vue d'une carte.

Le but et la volonté en sont les compléments nécessaires.

« La bataille, dit l'éminent professeur de l'École supérieure de guerre, exige la volonté de la livrer, les moyens nécessaires, un but, un plan. »

« Avoir un but, c'est vouloir quelque chose, savoir ce que l'on veut, c'est avoir une pensée militaire qui préside à l'action. Avoir un plan, c'est déterminer les moyens d'exécution, c'est-à-dire prendre des dispositions. »

On ne saurait trop insister sur ce point. Certains écrivains militaires allemands semblent ne pas y attacher une importance extrême.

« Ce qui rend la tactique moderne très difficile, dit Von der Goltz, c'est la faible influence qu'ont les chefs suprêmes pour amener la lutte au moment qui leur convient. Souvent leurs meilleures intentions sont contrariées, leurs calculs les plus justes, bouleversés. »

Dans le *Militar Vochenblatt*, on lisait dernièrement : « A l'avenir, une fois l'infanterie aux prises, la décision sera très prompte et le signal de l'attaque partira presque toujours de la ligne des tirailleurs. Il faut conclure de là qu'il est indispensable de posséder des chefs inférieurs actifs, bien dressés et capables d'agir suivant l'esprit du commandement supérieur, même sans en recevoir d'indications pendant le combat. En second lieu, les échelons postérieurs devront, dès le début de l'affaire, être poussé le plus près possible de la première ligne, condition qui exige un terrain couvert. »

En d'autres termes, c'est la méthode du laissez-faire de certains économistes que semblent préconiser nos voisins. Les événements de la dernière guerre, les affaires de Wissembourg, de Spicheren, de Wœrth, etc., l'absence d'idée chez les chefs de troupes allemandes et les succès obtenus ont pu les y autoriser. Il ne faudrait pas en déduire une règle générale. De l'absence de buts bien déterminés chez nos adversaires de 1870, de l'obligation conséquente de subir les caprices individuels des unités engagées, il ne s'ensuit pas la négation « d'une pensée directrice, sûre d'elle-même. »

J'estime au contraire que cette volonté s'impose davantage avec le perfectionnement des armes et le nombre de plus en plus croissant des troupes. Des deux idées en présence, ce sera celle répondant au but le plus élevé, celle se manifestant le plus énergiquement qui aura le succès final.

L'exemple de la division Decaen, à Solférino, exemple que nous avons eu l'occasion de citer est typique. Il est inéluctable.

Mais il est une dernière qualité à laquelle il y a lieu de prêter grande attention, celle-là, toute morale, celle du cœur.

« Il faut, dit Von der Goltz, que le chef connaisse le cœur humain. Scharnhorst regrettait que la partie psychologique de l'art militaire fût un champ si peu cultivé. »

L'observation est juste. Pour entraîner à la mort des braves gens qui n'en peuvent mais, il faut autre chose que des gros mots, des punitions rigoureuses ; il faut s'adresser à leur esprit, à leur cœur, surtout en France.

La bonté n'exclut pas la juste sévérité. Mais avec de la bonté bien comprise, on obtient tout. A l'heure du péril, le soldat rend au centuple les marques d'affection qu'on lui témoigne.

Turenne était d'une douceur extrême pour ses hommes. Il vivait de peu, mais s'assurait par lui-même que ses soldats ne manquaient de rien. Par contre, il était rude avec les chefs. Pendant la guerre de Trente ans, les officiers n'aimaient pas faire la guerre au delà du Rhin, ils y mettaient volontiers obstacle. « Messieurs, leur dit Turenne, naturellement je ne parle durement à personne, mais je vous ferai couper la tête dans le moment si vous refusez de m'obéir. »

Le maréchal Davoust, le vainqueur d'Auerstaedt, s'était fait emprisonner étant jeune, pour défendre les droits de ses sous-officiers.

Desaix, si intègre, si sévère, n'avait que des paroles affectueuses pour ses soldats et pour ceux qui l'entouraient.

Le général baron Dugommier, obtenait tout de ses demi-brigades par sa bonté. Cette influence inquiétait même certains membres du Comité de salut public. « D'où provient cette grande affection des soldats pour Dugommier, » écrit l'un d'eux au représentant du peuple en mission ? « De ce qu'il les aime », répond l'interpellé.

Le méréchal Bugeaud est resté légendaire avec ses attentions pour ses hommes.

Pendant la campagne d'Italie, le maréchal Baraguey d'Hilliers ne se couchait pas avant de s'être assuré que les soldats auraient du pain pour la journée du lendemain. En quinze jours, il changea deux fois d'intendant ; il ne parvint à s'entendre qu'avec le troisième.

On le voit, les qualités inhérentes au commandement, sont multiples, tellement multiples qu'elles ont le droit d'effrayer et ceux appelés à les montrer, et ceux appelés à les découvrir chez les autres.

Pour l'autorité militaire, le choix des hommes utiles à chaque tactique, constitue la moitié du succès.

Dans une armée appelée à faire la guerre en Europe, trente mille officiers auront à faire de la tactique et trente au plus de la stratégie.

CHAPITRE XI

ROLE DE L'ÉTAT DANS LA TACTIQUE

Toute manifestation de l'intelligence humaine se produit nécessairement dans un milieu. Elle est appelée à exercer une action sur ce milieu, et réciproquement à recevoir de ce même milieu une action inverse, dite réflexe. On ne peut donc prétendre avoir épuisé une question quelconque, sans avoir examiné l'influence des situations contingentes sur la question primitive.

Dans une Société donnée, le milieu ambiant, c'est l'État. Mais l'État est une force composite, comprenant des gouvernants et des gouvernés, un territoire national ainsi qu'un certain nombre de ressources. A quel titre, cet État, autrement dit ces quatre termes, peuvent-ils intervenir dans la tactique militaire ? De prime abord, on n'en saisit pas la possibilité. En y réfléchissant pourtant, on s'aperçoit qu'il y a là une relation de cause à effet, réelle et constante.

La tactique militaire constitue, avons-nous dit, l'emploi judicieux des troupes, des moyens mis à leur disposition et des milieux, dans un but immédiat. Nous avons vu également que cette tactique serait d'autant plus efficace que les troupes seraient mieux préparées civilement et techniquement, les moyens plus perfectionnés, les milieux mieux agencés et le but bien défini.

Mais ces troupes sont uniquement composées avec l'un des termes de l'État, les citoyens, ces éternels gouvernés. Les moyens sont eux aussi obtenus et entretenus, à l'aide de l'un des autres facteurs de cet État, ses ressources. Le milieu enfin, c'est le territoire national pour la défense.

Les gouvernants ont aussi leur part d'influence. Les gouvernants répondent à deux pouvoirs, l'un législatif, l'autre exécutif. Au législatif reviennent la préparation et l'adoption des lois. Si les lois militaires sont bonnes, judicieuses, il en résultera nécessairement une facilité plus grande pour les applications tactiques. Si les décrets spéciaux rendus par l'exécutif sont conformes aux vrais intérêts de l'armée, la tactique de celle-ci en sera perfectionnée. Mais la tactique a un but immédiat.

Dans l'État, comme nous l'expliquerons plus tard, ce but a une formule, la politique extérieure ou intérieure. Cette politique se trouve-t-elle exercer son action sur le but de la tactique. On le pourrait croire, si l'on se rapportait uniquement aux événements de la guerre de 1870.

A Metz, particulièrement, cette intervention de la politique est d'autant plus douloureuse que les destinées de la France se décident autour de cette malheureuse ville.

De ces luttes, la principale est celle de Saint-Privat, le 18 août 1870.

En Allemagne, on en a exalté les phases et les effets au point de vue tactique.

A l'école supérieure de guerre de Paris, on en a fait la base du cours de tactique d'infanterie.

Or, l'exemple ainsi choisi paraît défectueux à tous les points de vue.

D'après la relation officielle allemande : « Les batailles des 14, 16 et 18 août forment réellement, par leur connexion et par leurs conséquences, comme la préparation, le prologue et le dénouement d'une seule et grande opération dont le résultat final était d'enfermer la principale armée française dans un cercle de fer, qu'elle ne devait plus rompre qu'en mettant bas les armes.

« De plus les défaites partielles essuyées à

Wœrth et à Spicheren par des fractions considérables de cette armée, l'état-major français sentit la nécessité de rétablir par un moyen quelconque l'équilibre rompu *par la supériorité numérique des Allemands.*

« On croyait pouvoir y arriver de deux manières, soit par une jonction de l'armée du Rhin, avec l'armée en formation à Châlons, soit en maintenant la première dans le camp retranché de Metz pour augmenter la puissance défensive de ses troupes et pour obliger les Allemands à diviser leurs forces.

« L'hésitation entre les deux solutions explique l'évidente incertitude des vues de l'état-major français, dans les journées du 12 au 17 août.

« Dans la soirée du 17 août, sept corps d'armée, soutenus par trois divisions de cavalerie se trouvaient en position de combat depuis Ars jusqu'à Harmonville, sur un front mesurant en ligne droite dix-neuf kilomètres.

« En avant de l'aile gauche de ce gros des forces allemandes, la division de cavalerie saxonne occupait Pardondrupt. En arrière de l'aile droite, on pouvait encore, en cas de besoin, appeler le deuxième corps de Pont-à-Mousson et la première division de cavalerie de Coury.

« Quant au quatrième corps, au premier et à la troisième division de cavalerie, il fallait re-

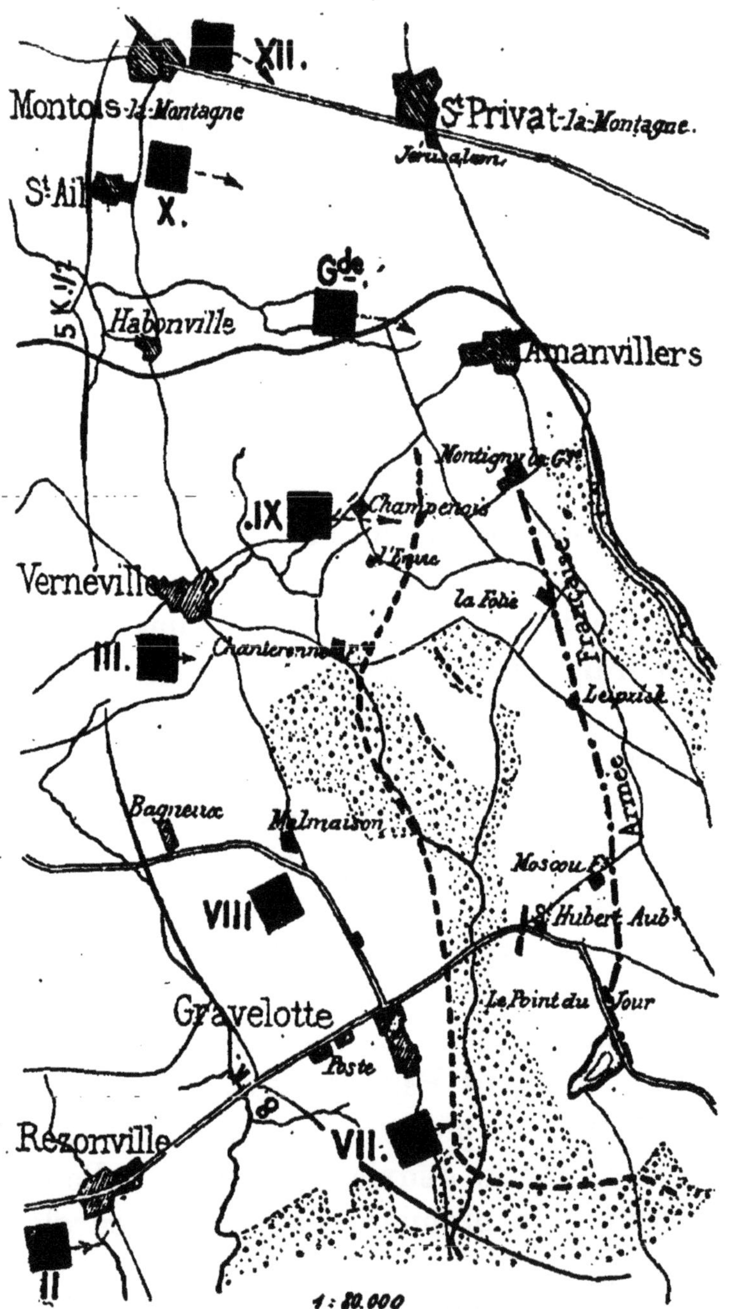

BATAILLE DE SAINT-PRIVAT (18 août 1870).

noncer à leur coopération directe, dans l'action décisive qui se préparait.

« C'étaient, à partir de la droite, le septième à Ars, le huitième à Gorse, le neuvième à Flavigny, le troisième à Vionville, le dixième à Tronville, le douzième à Mars-la-Tour, la garde à Harmonville, la sixième division de cavalerie à Flavigny, la cinquième division de cavalerie à Tronville, la division de cavalerie de la garde, moins la brigade de uhlans, à Tronville et Harmonville.

« Les Français disposaient de cent vingt-cinq à cent cinquante mille hommes. Le maréchal Bazaine reste évidemment au-dessous de la vérité, quand il prétend n'avoir eu en ligne que cent mille hommes et quatre cent cinquante bouches à feu. »

Dans le courant de la journée du 17 août, le roi Guillaume avait résolu de se porter en avant, dès le lendemain.

A deux heures de l'après-midi, M. de Moltke lançait l'ordre général suivant : « Demain 18, à cinq heures du matin, la deuxième armée rompra en échelons par la gauche, pour s'avancer entre l'Yron et le ruisseau de Gorze (direction générale entre Ville-sur-Yron et Rezonville).

« Le huitième corps appuiera ce mouvement à l'aile droite de la deuxième armée.

« Le troisième corps aura pour mission de

couvrir la marche de la deuxième armée contre toute tentative venant du côté de Metz.

« Les instructions ultérieures de Sa Majesté dépendront des dispositions prises par l'adversaire. Les communications adressées au roi devront être dirigées au début sur la hauteur, au sud de Flavigny. »

A six heures du matin, le roi se trouvait au point indiqué par le maréchal. A six heures du soir, la droite de la ligne française était débordée.

C'était fini, et les journaux illustrés de l'Allemagne, pour populariser ce fait d'armes, allaient représenter M. de Moltke, l'épée à la main, la figure contractée, les lèvres serrées, entraînant vers les lignes françaises les troupes de la garde.

Voici la relation française, telle qu'elle résulte des rapports des témoins.

Dans la nuit du 16 au 17 août, Bazaine donnait l'ordre de déplacement suivant : le deuxième corps entre Rozerieulles et le Point-du-Jour, le troisième corps à Castel-Saint-Germain, le quatrième à la droite du troisième, le sixième corps à Verneville, la garde et l'artillerie de réserve à Plappeville, le général Fortou, derrière le deuxième corps, le général Du Barail à Verneville. La division Metman était chargée de couvrir le mouvement, en passant par l'auberge Saint-Hubert.

Le 17, à dix heures du matin, Bazaine était installé dans l'une des maisons de Plappeville. Son cabinet, très petit, se trouvait au premier étage.

Il était trois heures. Le maréchal paraissait suivre attentivement les lignes de la carte, au moment où un officier de son état-major entrait pour lui rendre compte de l'exécution d'un ordre.

Après l'avoir écouté avec sa bonhomie habituelle, Bazaine lui désignait du doigt les positions à occuper le soir même. Or, fait bizarre, ces positions étaient précisément celles que l'on devait avoir pendant le reste du siège. Le général conclut en invitant l'officier à prévenir le chef d'état-major de ses intentions. Le colonel Lewal devait être chargé du travail.

Comme dans son explication, le maréchal faisait seulement allusion aux troupes échelonnées de Rozerieulles à Verneville, l'officier demanda s'il ne prescrivait rien pour la cavalerie, les convois auxiliaires, les blessés, et s'il n'y avait pas lieu de profiter de voies de communication encore libres, pour se débarrasser de nombre de bouches inutiles et utilisables ailleurs. L'officier songeait aux conséquences d'un blocus inévitable.

« Non. Je désire garder tout le monde auprès de moi », répondit le maréchal en souriant.

Cette réplique péremptoire fut regardée

comme l'indice d'un projet habile. L'officier y vit un piège tendu à l'ennemi. Il croyait que le maréchal voulait profiter de la faute de l'adversaire se prolongeant d'une façon exagérée sur notre droite et s'éloignant de la base éventuelle, pour repasser la Moselle, détruire ses lignes de communication et ses convois.

En fait, l'ordre donné ne put être exécuté le jour même. Dans sa déposition au conseil de guerre de Trianon, le colonel Lewal dit en effet avoir été prévenu, le 17, avoir transmis les instructions nécessaires le soir même, s'être trouvé avec tous les sous-chefs d'état-major le 18 au matin, à Castel-Saint-Germain, et avoir commencé la reconnaissance des terrains à occuper, au moment même où le feu prenait une consistance inattendue.

Le colonel rentrait à Plappeville vers quatre heures. Les ordres étaient expédiés le soir, et le 19, les troupes se trouvaient exécuter le mouvement prescrit le 17, et interrompu par *un accident sans importance, une bataille décisive.*

Mais, pendant cette extraordinaire journée, que fait le maréchal ?

Il monte à cheval vers deux heures, accompagné seulement d'un officier d'ordonnance et de quatre officiers de son état-major. Il se porte au sud-est de Saint-Quentin. De là, il fait diriger le feu de quelques pièces de douze sur des points sans valeur, puis s'en va au pas de son cheval, à l'extrémité du plateau, à l'ouest de Plappeville.

Il est quatre heures et demie. Le panorama est grandiose, inouï; à l'Est, le fort Saint-Quentin, la Moselle, Metz et Saint-Julien; au Nord, le fort de Plappeville, au Sud-Ouest, les crêtes s'échelonnant de Vaux à Saint-Privat et couronnées à chaque instant par des flocons de fumée blanchâtre; comme accompagnement à ce tableau unique, la voix sombre du canon et le crachement énervant des mitrailleuses.

Le maréchal suit avec sa lorgnette la ligne des feux. Tout à coup, sur la droite, la route de Saint-Privat se couvre de poussière. Chaque bouquet d'arbres donne passage à un groupe affolé! C'est le commencement de la retraite.

Le maréchal ne bouge pas. Il assiste impassible à cette dernière et triste phase de la lutte; puis, comme fatigué d'un tel spectacle, il donne à une batterie l'ordre de prendre position sur l'emplacement qu'il occupe, et s'en retourne mélancolique et muet vers sa villa de Plappeville.

Comparons *les processus* des deux belligérants :

Le roi Guillaume et son état-major sont, dès six heures du matin, sur les hauteurs de Flavigny. Bazaine ne monte à cheval qu'à deux heures et demie de l'après-midi.

Le chef d'état-major allemand est en route dès l'aube. Il surveille la dislocation de ses colonnes au point initial. Le chef d'état-major français ne quitte pas ses bureaux.

Quel était le but des deux adversaires ?

Dans le cours de tactique de l'École supérieure de guerre, on dit avec grande raison : « La pensée des deux chefs se traduit avant et après la bataille par les dispositions ordonnées. Ce sont deux pensées qui luttent l'une contre l'autre avec les moyens dont chacune dispose. »

La pensée de l'état-major allemand ne paraît pas avoir été d'une netteté limpide au début de la journée. Le 17 au soir, il y avait encore divergence de vues dans le conseil. M. de Moltke voulait attaquer quand même. M. de Roon et plusieurs officiers y étaient opposés. Ils craignaient pour leurs communications, pour le fameux service de l'arrière. M. de Moltke soutenait son idée première avec toute l'énergie d'une conviction absolue. De son épée, il indiquait Saint-Privat, comme nœud de la position.

Stratégiquement, M. de Moltke avait raison. Saint-Privat est bien la clef du plateau.

Tactiquement, l'opération semble défectueuse.

Le colonel Lecomte (1) le dit fort bien : « L'issue venant à tourner à leur détriment ou

(1) T. II, p. 328.

seulement à rester douteuse, comme le 16, l'armée entière se trouvait compromise, sa ligne de retraite de Pont-à-Mousson menacée, ses innombrables et ndispensables charrois à la merci des Français, demi-victorieux. »

« Saisir les communications ennemies est fort bien, dit Jomini, mais à la condition de ne pas livrer les siennes. Or, Moltke ne prit pas garde au second terme de ce grand principe de guerre. Il tourna parfaitement les Français, mais en se trouvant au bout du compte tout aussi tourné qu'eux. »

Von der Goltz dit également (1) : « On ne s'est pas rendu le moins du monde compte dans l'armée, au moment même de l'action que le 18 août 1870, on livrait toutes les communications en évoluant pour envelopper l'armée française. »

Ces critiques émanant d'officiers étrangers sont justes. L'opération était imprudente. Elle eût pu entraîner pour son auteur des conséquences désastreuses, si l'armée française avait eu réellement un chef.

En effet, des mouvements tactiques, il n'y en a pas eu un seul du côté des Français. Les réserves sont intactes, soixante mille hommes n'ont pris aucune part à l'affaire.

« Il est certain, dit M. de Moltke lui-même,

(1) *La nation armée*, p. 345.

que le 14 comme le 16, comme le 18 août, des moments se produisirent au cours du combat, où du côté des Français une volonté ferme, pénétrée de la situation et dirigeant avec ensemble, aurait pu se ménager bien des succès » (1).

Le général Deligny émet la même opinion : « Les batailles de Borny, de Rezonville et

(1) BATAILLE DE SAINT-PRIVAT

Pertes

CORPS	OFFICIERS			SOLDATS		
	tués	blessés	disparus	tués	blessés	disparus
Deuxième.	3	24	1	57	342	195
Troisième.	16	79	15	206	1399	445
Quatrième.	45	184	17	450	3095	1016
Sixième.	24	109	79	343	1475	4473
Garde, division Laveaucoupet, cavalerie de ligne, cavalerie de réserve, artillerie de réserve, services annexes, etc.	»	»	»	»	»	»
Total. . . .	88	396	112	1056	6311	6129
Total général, 14,092 hommes, dont 6,240 disparus.						

d'Armanvilliers n'ont été pour nous que des rencontres de hasard, où l'imprévu a tout réglé et dont la valeur et le sang des soldats ont fait tous les frais. »

Le général Séré de Rivière le dit également dans son rapport au conseil de guerre : « Si le maréchal avait été réellement dans l'intention de reprendre sa marche vers l'intérieur, tout l'intérêt de la position eut été pour lui à la droite de son armée, côté par lequel il devait déboucher et qui présentait la position la plus faible.

« Au lieu de cela, il établit sur le plateau de Plappeville, clef de la position, le corps du maréchal Canrobert, si rudement éprouvé dans la journée du 16 et resté fort incomplet, avec une artillerie insuffisante, sans outils pour s'établir solidement sur le terrain. Quant aux réserves, il les dispose à gauche de son armée sur les hauteurs difficilement abordables du Saint-Quentin, que couronnent des fortifications permanentes. La cavalerie reléguée dans le fond du vallon de Monveaux se trouve forcément réduite à l'inaction. Lui-même porte son quartier général à Plappeville. »

« Le vrai coupable, conclut M. Duquet (1) est donc ce généralissime qui, froidement, obstinément, sacrifiait son armée à ce qu'il croyait être son intérêt personnel. »

(1) A. Duquet. *Les grandes batailles de Metz.*

Pour le maréchal, la bataille de Saint-Privat est un intermède, un hors-d'œuvre. Elle ne modifie en rien ses projets. Il reste conséquent avec lui-même.

Or, dit le sagace professeur de l'École supérieure de guerre: « La bataille exige la volonté de la livrer ou de la subir, les moyens nécessaires, un but, un plan. »

Rien de plus juste. Mais il n'y a pas eu de bataille de Saint-Privat, du moins du côté français. Il a pu y avoir une affaire de ce nom, une grande manœuvre allemande contre un adversaire marqué, immobile, ayant des balles dans les fusils au lieu de cartouches à blanc; c'est tout.

Elle pouvait et devait être un désastre pour ceux qui se la permettaient. Les circonstances en décidèrent autrement.

Les Allemands du reste n'avaient même pas besoin de la livrer. Sans effusion de sang, ils auraient obtenu le même résultat, puisque le mouvement qui suivit la lutte du 18, se trouvait déjà ordonné le 17 avant la bataille et que rien n'y fut changé plus tard.

De deux pensées militaires en présence, celle du chef de l'armée française était complètement étrangère à l'armée. Elle était toute politique.

Or, en tactique, à quelque point de vue qu'on se place, à quelque degré que l'on soit dans la hiérarchie, on ne peut admettre l'intervention de la politique.

En tactique, un objectif unique subsiste, la lutte sans merci contre tous ceux qui osent s'attaquer à la société française.

CHAPITRE XII

DE LA STRATÉGIE

Le mot est d'origine grecque (1).

Il est employé pour la première fois en France, en 1771, par Maizeroy (2); en Allemagne, par de Bulow, en 1801.

« Au commencement de la guerre de la Révolution, dit le général Bardin, il n'y avait pas, dans l'armée française, dix militaires connaissant cette expression. »

Le fait est vrai.

De Guibert n'en souffle mot.

L'*Encyclopédie* est également muette. Il faut attendre l'année 1835, pour que l'Académie se

(1) Le *Stratégicos logos*, d'Onoxandre, fut écrit à Rome, l'an 50 avant Jésus-Christ. Il était dédié au consul Veranius.

(2) *Les pensées sur la tactique et la stratégie ou vrais principes de la science militaire*, par Silva, parurent à Turin, en 1778.

décide à donner une place dans son dictionnaire à ce grécologisme.

D'après de Bulow (1), l'art de la guerre se divisait en deux parties, la stratégie et la pratique. La première était la science du mouvement de deux armées hors du cercle visuel. Dans cet ordre d'idées, la stratégie était l'architecte, le tacticien devenait le maçon.

« La stratégie, dit Jomini (2), comprend toutes les opérations qui embrassent le théâtre de la guerre en général.

« C'est l'art de faire la guerre sur la carte, l'art d'embrasser tout le théâtre de la guerre; la tactique est l'art de combattre sur le terrain, d'y placer ses forces selon les localités et de les mettre en action sur les divers points du champ de bataille. En un mot, c'est l'art de diriger les masses. »

Pour l'archiduc Charles (3) : « La stratégie est la science de la guerre. Elle exquisse les plans. Elle embrasse et détermine la marche des entreprises militaires. Elle est à proprement parler la science des généraux en chef. »

Rocquencourt (4) conclut dans le même sens : « L'art d'exquisser un plan de campagne,

(1) 1801.
(2) 1805.
(3) *Les principes de stratégie* de l'archiduc Charles sont de 1814, à Vienne.
(4) 1826-1828.

de fixer des points de départ, de tracer la direction principale des opérations. »

M. Thiers la fait consister « dans les vastes mouvements qui ont pour but d'occuper la meilleure ligne d'opérations ».

Le général Favé adopte la manière de voir de Rocquencourt. Il voit dans la stratégie : « l'art de préparer un plan de campagne, de diriger une armée sur les points décisifs ou stratégiques et de reconnaître les points sur lesquels il faut, dans les batailles, porter les plus grandes masses de troupes pour assurer le succès. »

Selon le colonel d'état-major Vial : « La stratégie opère sur de vastes surfaces géographiques. Elle prépare ses combinaisons d'après les cartes générales. Elle demande plusieurs jours pour l'exécution.

« Elle répartit les troupes sur le théâtre des opérations et les rassemble au moment décisif de la bataille. »

Pour le général italien Sironi : « L'art de la guerre a deux buts, préparer et organiser les forces militaires des États, les faire agir.

« L'ensemble des régions terrestres et maritimes sur lesquelles les forces de deux États en hostilité peuvent s'insulter réciproquement constitue le théâtre de la guerre.

« La stratégie détermine les opérations de la guerre. »

« L'armée, dit Rüstow, est un organisme

composé à chaque moment de l'action; nous la voyons poursuivre une pensée stratégique qu'elle traduit tactiquement. »

D'après Blume, « la stratégie décide du moment et du combat. C'est elle qui a à préparer les forces nécessaires, et à tirer partie du succès ».

Le général Lewal développe la même idée :

« La stratégie est la partie directrice de la guerre. Elle embrasse les combinaisons. Elle est la pensée. »

Le prince de Hohenlohe y voit, « non une science, mais un art, un don. Cet art embrasse un grand nombre de sciences et d'arts. »

Pour le général Pierron, « la stratégie a pour but d'enseigner comment on peut manœuvrer avec une armée, pour empêcher l'armée ennemie de s'emparer des communications, tout en permettant de saisir les siennes. »

Autant d'auteurs, autant de définitions différentes ne paraissant pas répondre complètement à la question.

Ainsi, d'après l'un, la stratégie est la science du mouvement de deux armées hors du cercle visuel. Mais un mouvement peut-il être une science? Que faut-il entendre par le cercle visuel? Il est quelquefois des plus bornés.

Selon d'autres, la stratégie c'est la science de la guerre elle-même. Or, l'usage d'une force, de certains moyens, ne peut pas plus être une science que le mode d'opérer du chirurgien n'est la chirurgie.

La plupart envisagent surtout, dans la stratégie, l'emploi des masses. Cependant, comme le fait très justement remarquer le général Lewal, « un capitaine peut être chargé d'effectuer une petite opération, aussi bien qu'un général en chef. » On l'a vu nombre de fois en Algérie et au Mexique.

Pour tous enfin, la stratégie est la conséquence même de l'état de guerre, l'apanage du commandement. Pour eux, il faut entreprendre une guerre pour que l'on fasse de la stratégie. Le commandement seul a qualité pour ce genre d'opérations. Cette condition n'est pourtant nullement nécessaire.

Lorsqu'à la chancellerie allemande, on pousse si hâtivement à l'achèvement des voies ferrées du Saint-Gothard, lorsqu'on multiplie les points de passage sur le Rhin, on obéit à une idée stratégique, et cependant, l'on se trouve en état de paix.

L'Angleterre avec ses points de stationnement multiples, Malte, Gibraltar, Chypre, Alexandrie, Aden, Colombo, Hongkong, etc... est dans le même cas.

Le Parlement, en s'opposant à l'achèvement du tunnel sous-marin, destiné à relier la France et l'Angleterre, paraît subir les effets d'une crainte stratégique, celle d'une invasion.

En réalité, il ne fait que s'incliner devant des intérêts du même ordre de certaines puissances. En effet, une invasion à main armée n'est pas possible par un tunnel. Elle n'est praticable qu'avec le consentement des possesseurs des extrémités du passage, c'est-à-dire en cas de bonnes relations. Or, c'est précisément ce rapprochement de plus en plus intime de la France et de l'Angleterre que redoutent *stratégiquement* les adversaires inavoués des deux nations voisines.

Il y a donc confusion dans les définitions de la stratégie et, par suite, dans les déductions.

« Les règles, dit le général Bardin, en sont noyées dans d'innombrables et d'inintelligibles volumes. »

Le général Berthaut est du même avis.

« Lorsqu'on veut, dit-il, étudier l'art de la guerre dans les traités didactiques de stratégie, on se trouve la plupart du temps en présence d'une nomenclature complexe et obscure de termes techniques et d'un nombre considérable de règles et de maximes dogmatiques, sortes de formules où les généraux en chef devraient aller chercher des dispositions toutes faites pour leurs plans d'opération. »

Il ne pouvait en être autrement. Les auteurs subissaient malgré eux une sorte de suggestion de mot, celle d'une définition primitivement défectueuse. Ils n'avaient entrevu ni la philosophie de l'expression, ni sa complexité. Il est aisé de s'en rendre compte.

La tactique militaire, avons-nous dit, constitue l'ensemble des dispositions aptes à régler l'emploi judicieux des hommes, des moyens et des milieux, dans un but immédiat donné.

Ces quatres termes sont nécessaires. L'absence de l'un d'eux rendrait toute tactique impossible.

Or, que je fasse de la stratégie ou de la tactique, que j'entreprenne quoique ce soit ici-bas, il me faut toujours des hommes, des moyens, mis à la disposition de ces hommes, un milieu sur lequel ces hommes et ces moyens puissent être employés, enfin un but. Mais, troupes, moyens et milieux sont identiques pour la tactique et la stratégie. En est-il de la sorte pour le quatrième terme, pour le but? Non. En effet, le but est bien toujours le même, celui de la destruction de l'adversaire. Seulement, en tactique, il est immédiat; en stratégie, il ne l'est pas.

Un général a une position à enlever, un passage de rivière à exécuter, un cantonnement à établir, etc., il prend des dispositions tactiques conformes au but immédiat qui se présente.

En stratégie, il n'en est plus ainsi. On a un but, mais on ne peut le préciser. Ainsi en 1800, le général Bonaparte prépare tout, en vue de l'entrée en Italie par le petit Saint-Bernard. Son but est évidemment de battre l'armée autrichienne; mais, où l'action décisive se livrera-t-elle, il ne le sait. Son but n'est donc pas immédiat. De Paris aux environs d'Alexandrie, il fait uniquement de la stratégie ; les dispositions tactiques, il ne les prend qu'au moment de son contact possible avec l'adversaire.

En 1805, en 1806, en 1815, Napoléon fait converger ses troupes en vue d'une opération bien déterminée. Mais où se livrera la bataille ? Il n'en peut avoir l'idée. Il a bien un but, mais il n'est pas immédiat.

On pourrait multiplier les exemples à l'infini.

En définitive, *stratégie et tactique sont des opérations de même ordre, dont le but seul est différent.*

On est donc en droit d'admettre cette définition de la stratégie, en général : *l'ensemble des dispositions aptes à régler l'emploi judicieux des hommes, des moyens et des milieux, dans un but non immédiat, mais toujours constant, celui de la sécurité de cette société.*

Chacun des termes de cette vaste équation peut changer ; il en résulte une variété possible dans les applications et dans leur mode d'emploi. Il y a en effet trois sortes de stratégie bien distinctes : l'une positive, l'autre active, la troisième d'État ou politique.

Nous allons les examiner successivement, et rechercher les raisons d'être d'une diversité dont le phénomène n'avait pas été suffisamment précisé jusqu'ici.

CHAPITRE XIII

STRATÉGIE POSITIVE

Le journal doit paraître. Les articles sont composés. Le metteur en pages les a entre les mains. Il les groupe, d'après le format de la feuille, de manière à bien attirer l'attention du lecteur. La première épreuve est tirée. Elle est mise sous les yeux du rédacteur en chef qui approuve ou fait remanier en raison du format et des articles constituant les termes irréductibles de cet agencement.

J'ai du monde à dîner. Je donne des ordres en conséquence. Les provisions sont achetées, les vins réunis, le repas préparé, la table dressée. J'aurais beau imaginer, je ne puis faire plus. L'argent dont je dispose, les ressources culinaires de la ville, les dimensions de ma salle à manger sont les conditions inéluctables de ce problème de stratégie gastronomique.

Il en est de même dans un État pour l'établissement d'un plan de campagne, c'est-à-dire pour le dressage de la table à laquelle les adversaires possibles peuvent être conviés. Cet État possède un nombre déterminé de soldats, de marins, de chevaux, de mulets, de fusils, de canons, de vaisseaux, de voitures, de ports, de chemins de fer, de routes, de canaux, de forteresses, etc... Son maître d'hôtel, autrement dit le chef d'état-major général, ne peut dresser le couvert, en raison du nombre d'invités à recevoir, qu'avec les ressources dont il dispose. Tout est positif dans ce travail. L'imagination et l'invention n'y peuvent rien.

Dans le rapport du grand état-major prussien sur la guerre de 1870, on lit :

« Au nombre des attributions de l'état-major en temps de paix se trouve la mission d'étudier dans ses plus minutieux détails le groupement des grandes masses de troupes, ainsi que leur transport dans *l'éventualité d'une guerre quelconque et de tenir prêts à l'avance les projets d'exécution nécessaires.* »

Cette éventualité correspond à l'établissement de plans préliminaires de campagne sur tous les différents théâtres d'opérations possibles, de manière à n'éprouver aucune hésitation pour la mise en jeu des voies et moyens, le jour où l'événement surgit.

Comme le dit le général Berthaut, « ces combinaisons à étudier et ces mouvements à préparer pour mettre une armée en mesure de se présenter à la bataille décisive avec toutes les chances de succès, font l'objet d'un plan d'opérations.

« L'établissement de ce plan offre de sérieuses difficultés, tant à cause de l'énorme quantité des troupes à employer que de la rapidité des opérations.

« Ce plan ne saurait embrasser toute la durée de la guerre. Il ne peut même aller au delà du premier contact. Le ministre l'établit. Il réunit les documents. Il n'en fait pas connaître l'usage. Ces plans sont tenus secrets. »

Mais, il n'y a pas qu'un plan. Le nombre en est considérable, si l'on songe à toutes les combinaisons susceptibles d'être envisagées, en raison des frontières de la France, de celles des territoires coloniaux ainsi qu'aux alliances en formation ou en possibilité de se former.

Or, chaque cas particulier doit être envisagé. La guerre, en raison de la rapidité actuelle de ses effets, ne permet plus ni l'attente si douce de l'ancien temps, ni l'invocation si commode du *débrouille-toi* et de l'idée de génie.

« Au début d'une guerre, on doit avoir uniquement en vue le déploiement stratégique, » dit le prince de Hohenlohe.

C'est donc aux nécessités de ce premier déploiement que les états-majors de la guerre et de la marine doivent satisfaire, s'ils veulent permettre aux chefs des armées ou des flottes de prendre, en temps utile et en connaissance de cause, le commandement de leurs troupes ou de leurs bâtiments.

Mais, cet effort si considérable de l'état-major général se borne-t-il à ce premier travail, s'arrête-t-il au moment de la concentration des armées, ou du départ d'une expédition lointaine ? Nullement.

La responsabilité et le devoir d'un maître d'hôtel ne finissent pas avec la mise en ordre de la table. Ils durent tout le temps du repas ; ils augmentent même avec cette nécessité constante du renouvellement des plats et des liquides. Ils ne cessent qu'à l'instant où les convives se rendent au salon.

Il en est de même pour l'état-major général.

La France à elle seule compte aujourd'hui dix-huit régions de corps d'armée et environ trois millions six cent mille combattants, c'est-à-dire une moyenne de deux cent mille hommes armés par région. Mais, lors de la mobilisation, les dix-huit commandants de ces régions partent avec leurs corps respectifs, forts d'environ quarante mille hommes, et d'un nombre de chevaux, de canons et de voitures correspondant. Dès la première heure, il reste donc sur le territoire de chaque région, environ cent cinquante mille individus, destinés à former les corps supplémentaires, à combler les vides faits par la lutte, à assurer les services des chemins de fer et des étapes, la défense des côtes et des places, etc...

Ce second travail, en apparence si dédaigné en temps de paix, est pourtant, de beaucoup, le plus gigantesque et le plus délicat. Il réclame de ceux appelés à le mener à bonne fin une connaissance approfondie de l'existant des ressources passées et présentes. C'est, en un mot, la mise en page du terrible livre de la guerre, dont le plan de mobilisation n'est que la préface.

La constatation d'une vérité aussi flagrante, suffirait à démontrer la nécessité rigoureuse de la permanence des organes des états-majors généraux de terre et de mer.

Théoriquement, lors d'une grande guerre, on ne devrait donc pas plus changer le chef d'état-major général et ses aides qu'au moment de se mettre à table, on ne songe à prendre un autre maître d'hôtel et d'autres cuisiniers.

En France, l'état-major général de l'armée existe. Le dépôt de la guerre en fut l'embryon.

A l'origine, c'était un simple dépôt d'archives, distinct du dépôt de cartes et plans. Un instant groupés en 1761, puis séparés, les deux dépôts étaient réunis de nouveau sous la direction du général de Vault.

En 1797, le *Dépôt de la guerre* ne dépendait

pas du Ministère. Il prenait le nom de *Direction générale du Dépôt de la guerre, des plans et des ingénieurs géographes militaires.*

Au commencement de l'année 1792, il avait pour chefs, le général Mathieu Dumas et ses deux adjoints, Jarjaye et Berthier.

Ses attributions étaient les suivantes (1) :

« 1° Analyser les mémoires militaires ainsi que les plans, cartes et reconnaissances, existant au dépôt de la guerre, sur chaque partie des côtes et frontières ;

« 2° Indiquer les pièces qu'il convenait de refaire et de vérifier, les parties qui restaient à exécuter sur les différentes frontières, etc. Désigner au ministre les opérations militaires dont pouvaient s'occuper les adjudants de l'armée dans leurs divisions respectives, et de réunir ensuite les travaux des officiers pour compléter le tableau des reconnaissances militaires ;

« 3° Calculer, sous les relations militaires, les avantages et les inconvénients de tous les changements de limites à accorder ou à proposer aux puissances étrangères, en les combinant avec le comité des fortifications sous le rapport de la défense des places ;

« 4° Développer les vues militaires en faveur du commerce, pour les rendre utiles ou les

(1) Ordonnance du 25 février 1792. Ministère de M. de Grave.

empêcher de devenir nuisibles aux dispositions de défense dont le pays est susceptible ;

« 5° Classer toutes les pièces dans l'ordre le plus propre à l'instruction militaire sous tous les rapports... etc... ».

En même temps et parallèlement à ce dépôt, on instituait près du Ministre *un bureau central d'état-major* (1), « chargé de grouper les différentes parties et tous les rapports de l'état-major de l'armée.

« On devait y réunir toutes les lois, cartes et plans nécessaires au travail d'ensemble. »

C'était en réalité l'état-major général qu'on venait d'organiser.

Ce bureau fonctionna avec Carnot, sous la Convention et le Comité de Salut public. Il devint ensuite le *Cabinet topographique* du Directoire, puis l'ancien Dépôt (2), et enfin, le *Cabinet topographique* du ministre Berthier, après la chute du Directoire.

Ce cabinet avait pour mission :

« 1° De préparer la correspondance du ministre avec les généraux commandant en chef des armées et les généraux commandant les divisions territoriales ;

« 2° De proposer les instructions et mesures relatives aux opérations militaires ;

(1) 11 décembre 1791.
(2) 22 floréal an V.

« 3° De rédiger les ordres relatifs aux mouvements des troupes ».

Un an plus tard, le 26 mai 1800, il prenait le titre de *Cabinet topographique* du premier consul, en attendant qu'il fût celui de l'empereur.

La rentrée des Bourbons amena sa disparition, puis celle du Dépôt, le 8 octobre 1817.

Le Dépôt seul fut rétabli le 23 janvier 1822. Il n'avait alors aucune action. Il ne figurait pas dans l'*Annuaire*. Il n'y reparaît qu'en 1827, sous sous le titre de *Sixième Direction*.

Mais avec la révolution de 1830, il reprend une force nouvelle. On lui adjoint le bureau des opérations et des mouvements.

Un instant même, ce nouveau bureau passe à la direction du personnel et des états-majors, puis au cabinet du ministre (1) et une seconde fois au personnel (2).

L'année suivante, le 19 septembre 1850, il est fondu dans un état-major général, sous le nom de *Service général des états-majors, des opérations militaires, du mouvement et du Dépôt de la guerre*.

Le coup d'État mit fin à cette création. Dès 1852, le Dépôt était redevenu une simple direction, partagée en deux sections, l'une pour la géodésie et la topographie, la seconde pour l'historique et les archives.

(1) 28 novembre 1849.
(2) 15 décembre 1849.

Les événements de 1866 lui donnèrent une sorte d'apparence de vitalité.

La première section s'accrut d'un bureau photographique, et la seconde, d'un bureau de statistique comprenant les extraits des journaux étrangers et l'étude des chemins de fer, avec le colonel Lewal comme chef.

Ce fut dans cet état primitif qu'on affronta la guerre en 1870. On en connaît trop les conséquences. Aussi, dès le 8 juin 1871, on reprenait l'idée de l'*état-major général du ministre*, devenu *état-major de l'armée*, le 6 mai 1890. « Le général de division placé à la tête de ce service prend le titre de chef d'état-major général de l'armée. Il relève directement du ministre de la guerre et agit en vertu de ses ordres.

« En temps de paix, cet état-major est spécialement chargé de l'étude des questions relatives à la défense générale du territoire et de la préparation des opérations de guerre.

« Il a dans ses attributions :

« La mobilisation de l'armée et sa concentration en cas de guerre ;

« L'emploi des chemins de fer et des canaux, de la télégraphie militaire, de l'aérostation, etc. ;

« L'organisation et la direction des services de l'arrière ;

« L'organisation et l'instruction générale

de l'armée, la préparation des grandes manœuvres;

« L'étude des armées étrangères et des différents théâtres d'opération;

« La réunion des documents statistiques et historiques;

« Les missions militaires à l'étranger;

« La préparation et la coordination des travaux du conseil supérieur de la guerre et des membres de ce conseil chargés de missions spéciales;

« Le service géographique.

« En temps de guerre, une partie du personnel de l'état-major de l'armée sert à former les états-majors des armées d'opération. Le chef d'état-major général de l'armée passe sous les ordres du commandant en chef du groupe principal d'armées en qualité de major général.

« Le surplus du personnel de l'état-major de l'armée, avec un des sous-chefs, reste auprès du ministre pour assurer, sous ses ordres directs, la marche du service central. »

Évidemment, il y a là un grand pas de fait. Un seul point paraît mériter une sorte de réserve, celui du départ du chef d'état-major général.

Est-il obligatoire ou éventuel?

A ce propos, deux simples faits historiques à citer :

En 1870, le chef d'état-major allemand,

M. de Moltke, ne rejoignit l'armée que le jour où il eut la presque certitude de l'unité du théâtre d'opérations. La guerre eût éclaté en même temps sur les frontières autrichienne et italienne, qu'il fût demeuré à son poste central sur les bords de la Sprée.

En 1794, Carnot remplissait les fonctions de chef d'état-major. Il avait mission de préparer les voies et moyens de quatorze armées. Il n'était nulle part, mais partout, en se trouvant au centre.

On ne peut être à la fois au premier étage et au grenier. *Le succès des luttes prochaines en Europe sera dans le maniement des réserves.*

En définitive, toutes les questions se rattachant à cette sorte de stratégie sont rigoureuses. L'imagination n'a rien à y voir. Tout au contraire, il faut savoir se méfier de cette compagne attrayante.

Cette stratégie est donc positive. Elle n'a ni commencement, ni fin.

En temps de paix, elle prépare les opérations possibles.

Pendant la période de mobilisation, elle détermine la concentration des forces militaires et maritimes aux points désignés.

Pendant la guerre, elle assure l'entretien, le renouvellement et l'accroissement des forces, en raison des circonstances.

Sa bonne exécution dépend de plusieurs facteurs :

L'organisation de l'armée;

La configuration du sol;

Les voies de communication et les transports;

L'état des armées concurrentes;

La mobilisation et la concentration.

En effet, le premier devoir de l'état-major général est de procéder au groupement utile des forces existantes sur le territoire national. Or, si l'organisation est logique, simple; si les troupes sont réparties dès le temps de paix, non au point de vue des intérêts électoraux, mais en raison des besoins de l'État, l'agencement et la concentration pourront se faire dans des conditions convenables.

Les exemples de cette action de cause à effet abondent.

En 1859, le 23 avril, l'Autriche adressait son ultimatum au Piémont. Le 24, les premiers ordres étaient donnés. Le 28 seulement, la division Bouat s'apprêtait à franchir le mont Cenis. Le 20 mai, l'armée française était encore en voie de concentration et de formation autour d'Alexandrie.

Le premier petit parc n'arrivait au cinquième corps que le 10 mai. Le grand commençait seulement son mouvement le 20. Pour l'habillement et la chaussure, on avait dû recourir à l'industrie privée. Le service des approvisionnements n'arrivait à se constituer qu'à la fin d'avril. Le service de santé était tout aussi incomplet, et il ne s'agissait que d'une armée de cent vingt mille hommes.

Or, ces défectuosités de l'organisme sont signalées dans le rapport officiel de l'état-major général sur la campagne. Leur constatation et les observations réitérées d'officiers d'état-major éminents, tels que Lebrun, Berthaut, Lewal, Fay, Warnet, Samuel, etc., ne parvinrent pas à dissiper l'engourdissement général.

En 1870, il était trop tard pour réparer le mal.

Dans son *Journal d'un officier de l'armée du Rhin*, le général Fay apprécie avec justesse cet état de choses. Il énumère nos forces et démontre que l'on n'avait pas trois cent mille hommes à mettre en ligne au moment de la déclaration de guerre.

« Notre organisation militaire était très inférieure, » dit-il.

A l'appui de son assertion, il cite cette dépêche qui restera typique entre toutes :

21 juillet 1870.

Général X..., à guerre.

« Suis arrivé à Belfort. Pas trouvé ma brigade. Pas trouvé général de division, sais pas où sont mes régiments. »

L'exemple est suffisant.

« On n'a plus maintenant, dit le général Berthaut, le temps de procéder à la formation des divisions, des corps d'armée et des états-majors, de rechercher les moyens de mobilisation, etc., au moment où la guerre éclate... »

« C'est durant la paix, ajoute le général Lewal, qu'on prépare les bonnes armées par un travail intelligent et incessant. La guerre avec ses nouvelles et rapides allures a cessé d'être une école. Ce n'est plus qu'une arène où les lutteurs doivent descendre, revêtus de leurs armes et munis de capacités. »

L'organisation de l'armée est donc la pierre angulaire de la préparation de la guerre. Plus elle sera simple, logique et conforme à l'esprit national, plus la besogne du chef d'état-major général sera rendue facile.

La configuration du sol entre également en ligne de compte dans les données du problème. En effet, le sol et l'eau sont les milieux où les hommes et leurs moyens doivent se mouvoir. Cette corrélation est constante.

L'archiduc Charles l'a dit : « Les opérations militaires dépendent de la configuration du sol, puisque la situation des montagnes et le cours des fleuves déterminent invariablement les points sur lesquels les armées doivent se concentrer. »

Mais ces opérations sont nécessairement

offensives ou défensives. Elles se font par conséquent, soit sur le territoire national, soit sur celui du voisin. Il faudrait donc envisager les deux cas. Or, à mon avis, il y a plus d'un inconvénient à aborder ces questions de détail. Pour ma part, j'ai toujours éprouvé une sorte de douleur en lisant les travaux du genre de ceux du regretté M. Ténot, sur notre système défensif. S'ils sont exacts, s'ils sont le résultat d'indiscrétions voulues, ils peuvent servir à l'adversaire. S'ils sont inexacts, ils deviennent inutiles.

Les études géographiques de cette sorte doivent être simplement descriptives. On peut parler du sol des États étrangers, mais dans un sens général.

Dans cet ordre d'idées, on est en droit d'avancer et de reconnaître que l'Allemagne est mal placée, stratégiquement parlant, entre la France, la Russie, l'Autriche, la Hollande et le Danemarck. On peut même ajouter que ses possessions à l'ouest d'un grand fleuve comme le Rhin, sont pour elle un danger stratégique permanent et les causes d'une préoccupation de tous les instants, devant influer sur les actes de ses gouvernants.

L'Italie et l'Espagne ont leur situation stratégique parfaitement définie. Les peuples ne cherchent pas leur expansion vers le Nord. Ils ont une tendance instinctive à étendre leur action vers les contrées mieux réchauffées par le soleil. Sous l'influence de cette loi de nature, la Méditerranée est appelée à devenir le lac des nations latines unifiées par des nécessités stratégiques et commerciales.

Il suffit de parcourir le remarquable ouvrage du général Sironi pour avoir une idée de la relation existant entre le sol et la stratégie.

Un des cas les plus curieux est sans contredit celui des équerres naturels.

En 1872, un officier d'état-major insistait sur la valeur de ces ordres stratégiques (1).

Supposons, disait-il, deux armées en présence, occupant, l'une, la position en équerre A, B, C, D, l'autre la position convexe E F. La première sera la plus avantageuse. Ce sera celle d'un lutteur enserrant dans ses bras son adversaire E F, et elle le deviendra d'autant plus que le point de soudure B C sera solide, à l'abri de toute attaque, et les côtés de l'angle A B C D reliés par des lignes de communication A J D ou M K O.

Sa valeur reste la même en cas d'insuccès. En effet, le désastre de l'une des ailes, A B ou C D, n'entraîne pas la ruine totale. Il oblige même le vainqueur, poursuivant son succès sur A B vers M N, à un mouvement de flanc vis-

(1) *Conférence sur les considérations stratégiques à propos du chemin de fer du Saint-Gothard, du Mont-Cenis et de la Corniche*, par X... Paris, 37, rue de Bellechasse, 25 juin 1872.

à-vis de C D, et à un éloignement vers un objectif excentrique, éloignement d'autant plus dangereux que la liaison entre les côtés de l'équerre sera plus grande.

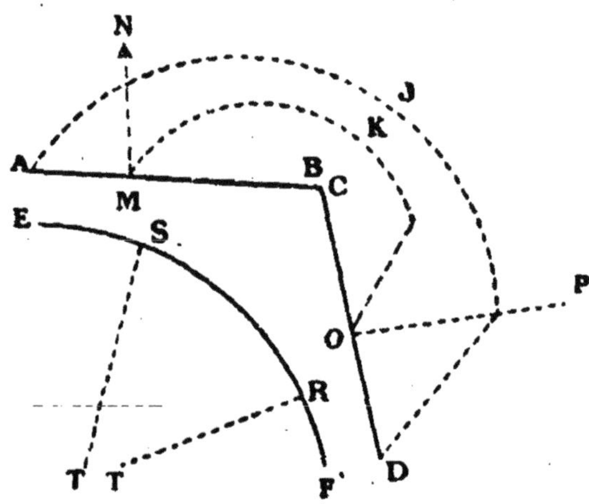

L'adversaire E F a ses lignes de retraite convergentes vers T. Est-il battu, il risque constamment de voir sa base coupée. Il n'a de chance que dans une offensive vigoureuse, heureuse et successive sur chacune des ailes de l'ennemi, en raison du rapprochement des points E F, rapprochement plus grand que celui de A et de D.

1800

L'armée française occupe les deux côtés de l'angle, du Saint-Bernard à Tende et à Vintimiglia, tandis que l'armée autrichienne se maintient fatalement dans le secteur. La victoire de

Marengo en est pour la France la conclusion logique.

1859

L'armée française est placée en équerre autour du coude du Pô, de Verceil à Montebello. L'armée autrichienne reste dans le secteur à Mortara. Elle se fait battre successivement à Palestro et à Magenta.

1866

Pendant que l'armée prussienne tient les deux côtés de l'angle de Dresde à Gœrlitz et Schweidnitz, l'armée autrichienne gravite dans l'intérieur du secteur. Battue aux ailes, elle finit par être écrasée à Sadowa.

1870-1871

Les circonstances sont identiques. L'armée prussienne occupe encore les deux côtés de l'équerre, de Trèves à Mayence et à Kehl par Germeshein, Rastadt et le pont de la Maxau. L'armée française est demeurée dans le secteur; elle a adopté la formation convexe, de Thionville à Colmar par Bitche. On en connaît les résultats, Wissembourg, Wœrth et Spicheren.

Cette loi des équerres stratégiques est-elle donc absolue? Nullement. Il n'y a rien d'absolu en ce monde. Il existe des exemples contradictoires. En 1797, le général Bonaparte, placé dans le secteur, profite des avantages de sa concentration pour se jeter rapidement sur les ailes de ses adversaires et les battre séparément. Il y peut réussir, grâce à son coup d'œil, à son énergie et à ses excellentes troupes.

Au début de la campagne de 1870, nous nous sommes trouvés du 1er au 5 août, dans des conditions analogues. Mais, comme l'a dit avec infiniment de raison M. le général Fay, « il manquait à la tête de l'armée française un chef aussi décidé que celui de 1797. »

Il existe d'ailleurs deux sortes d'ordre en équerre, l'un aléatoire, mobile, formé au moment même des concentrations ; le second, de nature inflexible.

L'état-major prussien paraît avoir un faible pour ce dispositif. Le figuré de la nouvelle frontière de Metz à Belfort en est un exemple. S'il paraît avantageux au premier abord, il se trouve avoir une contre-partie redoutable, l'équerre formé par le Rhin et la Franche-Comté. Dans ce cas, le point de soudure est à Belfort et à Bâle. Mais Bâle et le côté sud de l'équerre sont neutres. D'autre part, si nombreux que soient aujourd'hui les points de passage sur le Rhin, ils n'en constituent pas moins de véritables défilés présentant des dangers d'autant plus grands que les masses à faire mouvoir en avant ou en arrière sont plus considérables. Je n'insisterai pas.

Un autre équerre naturel existe du côté de l'Italie, c'est celui fourni par les Alpes maritimes et le Var, avec le mont Agel comme point de soudure et les plaines italiennes de Coni, comme centre.

Le plus curieux toutefois, au point de vue

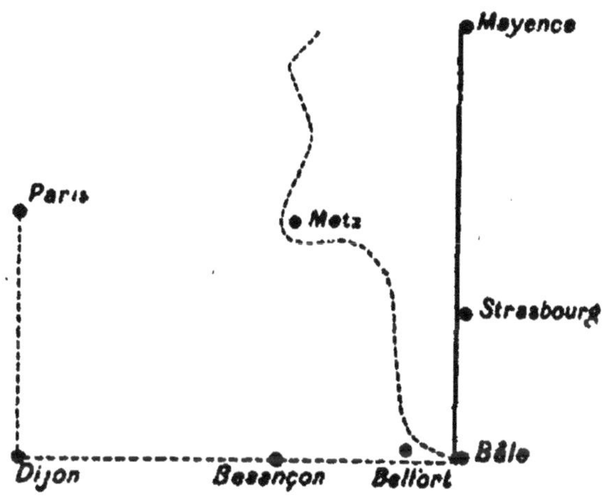

français, est celui formé par les Vosges, la Suisse et les Alpes. Les deux côtés de l'angle sont occupés l'un par la France, l'autre par l'Italie, l'intérieur du secteur correspond à l'Allemagne.

L'angle mort, c'est-à-dire le point le plus vulnérable de l'équerre, se trouve être la Suisse puissance neutre. De plus, les deux côtés de l'équerre sont reliés par de nombreuses lignes de communication.

Cet équerre naturel remplit donc toutes les conditions réclamées théoriquement.

Bonaparte en avait compris l'importance. De là, sa hâte à faire faire la route du Simplon; de là, celle de l'état-major allemand à activer la ligne du Saint-Gothard. Comme le disait avec raison un général italien de haute valeur : « Stratégiquement parlant, la France et l'Italie réunies peuvent imposer la paix aussi bien

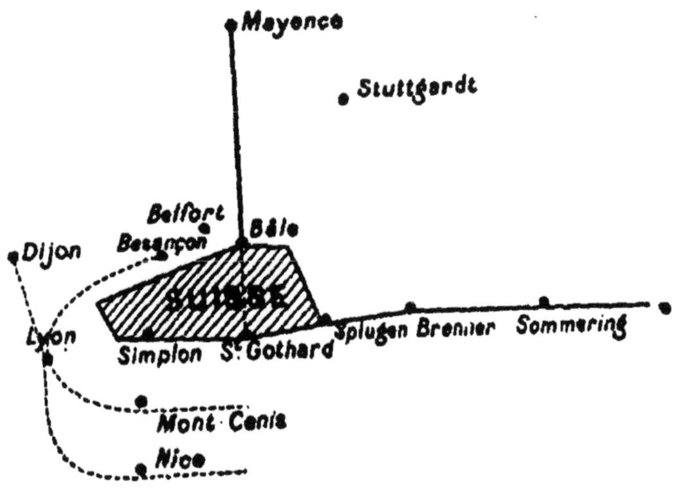

dans l'Europe centrale que dans la Méditerranée. »

L'étude du sol joue donc un rôle considérable dans la préparation des luttes humaines possibles, soit au point de vue offensif, soit au point de vue défensif.

Dans le premier cas, elle sert de base à l'établissement du plan, numéro tel ou tel, dont le but est fixé par le gouvernement.

Dans le second, elle sert à déterminer les points défensifs de ce sol national qui comprend tous les terrains où s'exerce l'autorité morale française, depuis l'île d'Ouessant jusqu'au Tonkin, jusqu'aux pays de protectorat, à Madagascar.

Elle subit actuellement une crise aiguë. Le général Brialmont le reconnaît dans son *Étude sur la défense des États et la fortification.* « Nos idées actuelles, dit l'honorable officier, ne concordent plus entièrement avec celles que nous avons exprimées autrefois. »

Engins et poudre ont en effet modifié du tout au tout le système défensif.

A l'état-major général revient la tâche d'en déterminer les conséquences pratiques.

D'après le décret du 19 novembre 1889, « les transports stratégiques comprennent les transports de mobilisation, les transports de concentration, les transports de troupes nécessités par les opérations, les transports de ravitaillement, les transports d'évacuation, les transports de dislocation. »

Ils correspondent à deux zones, celle de l'intérieur et celle des armées.

Les commandants en chef des armées ont la disposition des chemins de fer compris dans la première ligne. Le ministre conserve celle des voies ferrées ressortissant à la seconde.

Aussi l'importance des chemins de fer est telle que le général Berthaut a pu dire : « De deux États voisins se mobilisant dans le même temps, celui qui aura le réseau ferré le moins puissant sera nécessairement réduit à la défense et envahi.

« *Il serait rationnel que l'État se chargeât lui-même de la construction des chemins de fer.* »

En 1870, il n'y avait rien de préparé dans ce sens, stratégiquement parlant. Actuellement, ce travail méticuleux est en bonne voie. Il est entre les mains de l'état-major général. Il reste un des facteurs importants de la stratégie positive, au même titre que les statistiques, ces documents destinés à donner les ressources de tous les pays, et que les livres, cartes, détails organiques, etc. Tout, en effet, sert de base à l'élaboration des divers plans provisoires dont nous venons de signaler la nécessité.

C'est le grand-livre de la cuisinière militaire.

La mise en mouvement de toutes ces forces de l'État, sur l'ordre du gouvernement et en vue d'une action déterminée par lui, constitue la mobilisation.

Cette mobilisation répond à trois obligations:

Mettre les corps et services au complet de guerre;

Concentrer les forces de terre et de mer sur les points fixés à l'avance;

Mettre les colonies et les places de guerre du territoire en état de faire face aux éventualités de la lutte.

« Tout, dit le général Lewal, doit céder à la

promptitude et à la commodité de la mobilisation. C'est la pensée dominante, directrice, devant laquelle les autres considérations doivent s'effacer ou plier. »

« Mais, ajoute le général Berthaut, la rapidité de la concentration tient à la fois à la durée de la mobilisation et à celle des transports. »

Or, en 1870, nous l'avons vu, il n'y avait, au ministère de la guerre, qu'un embryon d'état-major général. Grâce à l'initiative des officiers, qui s'y trouvaient alors, on fit bien un calcul préliminaire en vue de cette opération, mais, comme les chiffres fournis, et pour la quantité des troupes et pour le temps, ne cadraient pas avec les aspirations de certaines personnes inféodées à l'idée de la guerre, on prescrivit de les faire refaire par des aides plus complaisants, de manière à pouvoir mettre des chiffres aimables sous les yeux du chef de l'État.

A ce sujet, le ministre plénipotentiaire, M. de Rothan, nous a retracé en termes émus les désillusions rapides de 1870.

M. de Rothan venait d'Allemagne. Le 23 juillet, il était à Paris et voyait le ministre :

« Quelles impressions rapportez-vous ? demanda le maréchal.

« — Des impressions fort tristes. Je crains que le gouvernement de l'empereur n'ait été mal inspiré et qu'en provoquant la Prusse, il n'ait joué le jeu de M. de Bismarck.

« — Je ne vous demande pas d'appréciations sur les résolutions du gouvernement, je ne suis pas un homme politique. Veuillez me dire ce que vous savez de l'armée allemande.

« — Vous me permettrez cependant de vous faire observer, monsieur le ministre, qu'il ne saurait être indifférent à vos combinaisons stratégiques que l'Allemagne du Sud, qui ne demandait qu'à équivoquer sur le *casus belli*, ait été forcée dès la première heure, en face de nos exigences, d'exécuter ses traités d'alliance. Il en résulte pour la Prusse un avantage considérable; elle a puisé dans l'attitude patriotique de la Bavière et du Wurtemberg une force irrésistible; elle a pu donner à la guerre un caractère national, et, dès le début de la campagne, vous aurez à compter avec cent cinquante mille hommes de plus, qu'il eût été aisé de neutraliser.

« — Je vous le répète, me répondit le maréchal, je ne m'occupe pas de politique. Je désire que vous m'appreniez ce que vous savez sur la mobilisation et la formation des armées allemandes

« — Il paraissait certain, répondis-je, il y a deux jours, lorsque je quittai Hambourg, que le 25 juillet toutes les réserves d'infanterie, le 27, toutes les réserves de cavalerie auraient rejoint leurs corps, et que le 2 août au plus tard toute l'armée serait concentrée. J'ajouterai que le ministre de Prusse à Paris, le baron Werther, a annoncé à la foule, en traversant la gare de Hanovre, qu'il était à même d'affirmer que l'Allemagne avait une forte avance et qu'elle surprendrait l'armée française en pleine formation.

« Les traits du maréchal se contractèrent.

« Il semblait réveillé en sursaut, sous le coup d'une nouvelle imprévue.

« L'aurait-on mal renseigné? Avait-il cru, sur la foi de rapports militaires autorisés, que l'armée prussienne ne serait pas en état de tenir campagne avant vingt et un jours? On l'a prétendu.

« C'est un point d'histoire qui mérite d'être éclairci. Il a été déterminant pour les résolutions du gouvernement de l'empire. Il a pour une bonne part décidé du rôle de la France.

« En 1872, un colonel d'état-major attaché au dépôt de la guerre écrivait :

« Dans un rapport inédit du 15 juillet 1869, un militaire, bien placé pour étudier l'organisation de l'armée prussienne, affirmait que la Prusse avait, adopté comme base de mobilisation, le chiffre de vingt et un jours.

« Les conséquences de ce faux calcul n'ont pas été conjurées par le télégramme qu'il expédia sous le coup des événements, disant que, vu l'urgence, le délai de mobilisation avait été réduit à quatorze jours. »

En 1870, l'ordre de mobilisation a été lancé de Berlin, dans la nuit du 15 au 16 juillet. En réalité, l'ordre s'exécutait depuis le 12, mais officieusement.

La mobilisation était achevée le 23, la concentration commençait le 24; elle était terminée le 31, mais en désordre.

Du 31 juillet au 3 août, on procédait à certains déplacements nécessaires; le 4, on attaquait à Wissembourg.

Mais depuis cette grande expérience, l'état-major général allemand n'est pas resté stationnaire. Il dispose maintenant de quatorze lignes de chemins de fer, aboutissant au Rhin et le franchissant sur un même nombre de points. La mobilisation sera complète en quatre ou cinq jours. La concentration sur la frontière française se fera sous la protection des quinzième et seizième corps, et des places de Metz et de Strasbourg, à raison de quatre-vingt mille hommes par jour.

En définitive, l'armée allemande a doublé pour ainsi dire sa force expansive depuis 1870.

Mais ces constatations n'ont rien de terrifiant. Elles sont sujettes à des erreurs et à des causes de défectuosité de plus d'une sorte. Elles ont même leur éloquence; elles nous démontrent l'impossibilité où se trouve l'Allemagne de rester isolée, si elle veut nous attaquer.

De notre côté, du reste, on a travaillé avec un zèle tout aussi soutenu et tout aussi concluant.

Ce travail, minutieux, considérable, revient tout entier à l'état-major général.

C'est sa maîtresse œuvre.

En définitive, organisation, configuration et ressources du sol, voies de communication, organisations et ressources des sociétés concurrentes, constituent les éléments de cette *stratégie positive.*

Cette stratégie n'est ni terrestre, ni maritime. ni coloniale, ni territoriale, elle est nationale,

Comme le dit le prince de Hohenlohe, « l'état-major général est à la stratégie ce que la diplomatie est à la politique. Le gouvernement veut, la diplomatie exécute les ordres dans ses détails. Le ministre ordonne, l'état-major règle les détails. »

En un mot, *la stratégie positive est la préparation des voies et moyens, en vue d'un but déterminé par l'État.* Elle ne s'occupe et ne doit s'occuper ni du personnel, ni des lois, ni du budget. Elle est neutre. Elle ne connaît *que l'existant*, le réel.

Idéalement, elle devrait correspondre à un agencement spécial, isolé, à une sorte de grande chartreuse, de mystérieuse officine, remise aux soins de travailleurs, silencieux et muets, préparant loin des bruits de ce monde passionné, l'action de la *grande impassible*, sur tous les points où la société française est susceptible d'être menacée.

CHAPITRE XIV

STRATÉGIE D'ÉTAT OU STRATÉGIE POLITIQUE

La stratégie positive consiste à préparer tous les détails préventifs d'exécution des différents plans d'opérations.

Mais, pour qu'il y ait un plan, il faut une idée génératrice, un but, un ordre donné. De même, pour qu'il y ait un organisme militaire, des moyens convenables, il faut des lois appropriées.

Or, cette idée, ce but, cet ordre, ces lois, ne sont que les traductions d'actes du gouvernement, de sa politique. La politique est donc l'un des facteurs et même le facteur initial pour cette application de la science de la guerre.

Sur ce point, le doute est impossible.

« La guerre, dit Clausewitz, est un instrument de la politique. Elle en prend le caractère et les dimensions. Dans les lignes principales, elle n'est autre chose que la politique elle-même, et celle-ci, tout en changeant ainsi la plume contre l'épée, obéit néanmoins encore et toujours à ses propres lois. La guerre est l'une des conséquences des relations politiques entre les gouvernements et les peuples.

« La guerre n'est que la continuation du commerce politique avec immixtion d'autres moyens.

« La guerre n'a jamais été qu'un moyen plus énergique d'exprimer la pensée politique dans un langage, qui, s'il n'a pas sa logique propre, a du moins sa grammaire à lui.

« Il va de soi que la politique n'entre pas profondément dans les détails de la guerre, et qu'elle ne procède pas plus au choix de l'emplacement des petits postes qu'à la direction des patrouilles, mais elle exerce l'influence la plus décisive sur l'élaboration des plans de guerre et de campagne et souvent sur les dispositifs de bataille.

« Nous n'avons qu'à déterminer si, dans l'élaboration et l'exécution des plans de guerre, le point de vue politique doit primer le point de vue exclusivement militaire, ou si, devant lui céder le pas, il doit lui être subordonné ou complètement disparaître.

« *A la politique* seule il appartient de décider de la direction que la guerre doit suivre et du but qu'elle doit atteindre.

« A son point de vue le plus élevé, l'art de la guerre se transforme en politique, mais en une politique qui, au lieu de rédiger des notes, livre des batailles. »

D'après le général Lewal : « La politique détermine la guerre. Elle influe sur sa conduite et sur ses résultats. »

Le prince de Hohenlohe ajoute dans le même sens : « Il faut qu'à la guerre et faute de compromettre le succès, la politique, la stratégie et la tactique marchent la main dans la main.

« La politique doit être en étroite communion d'idées avec la stratégie et la tactique. »

L'état-major allemand a dit plus exactement dans son rapport sur la dernière campagne : « Lors des mouvements de début d'une armée, les considérations militaires viennent se doubler des considérations politiques. »

La campagne de 1870 n'est qu'un long et douloureux exemple de l'intrusion de la politique dans les affaires militaires.

On était au 13 juillet.

La guerre allait être déclarée dans les quarante-huit heures, et la répartition des troupes n'était pas même fixée.

Dans le principe, dit le général Fay, trois armées devaient être constituées : l'une, celle de la Moselle, sous les ordres du maréchal Bazaine; la seconde, celle du Rhin, avec le maréchal de

Mac-Mahon ; la troisième, celle de Châlons, sous la direction du maréchal Canrobert.

Au dernier moment, on se ravisa. « L'Empereur, dit le général Séré de Rivière dans son rapport officiel, se réserva le commandement suprême ; mais, ayant été retenu à Paris pour des *intérêts politiques*, il investit Bazaine du commandement, le 16, et ne vint à Metz que le 28. »

C'est exact. Le 13 juillet, on détruisait tout le travail arrêté primitivement. On constituait *une armée unique composée de sept corps d'armée.* On préparait de nouvelles lettres de service, on combinait à la hâte les états-majors, au gré des appétits de chacun (1).

Le 15, l'ultimatum était envoyé. Le même jour on écrivait à Bazaine : « J'ai l'honneur de vous informer que, d'après les ordres de l'empereur, vous êtes nommé au commandement du troisième corps d'armée (quartier général à Metz)...

(1) L'armée était ainsi composée :

1er corps. — De Mac-Mahon, à Strasbourg. (Troupes d'Afrique et de l'Est.)

2e corps. — Frossard, à Saint-Avold. (Troupes du camp de Châlons.)

3e corps. — Bazaine, à Metz. (Armée de Paris et de Metz.)

4e corps. — Ladmirault, à Thionville. (Troupes du Nord.)

5e corps. — Failly, à Bitche. (Troupes de Lyon.)

6e corps. — Canrobert, à Châlons. (Troupes de l'Ouest et du Centre.)

7e corps. — Douai, à Colmar et Belfort. (Régiments du Sud-Ouest.)

La garde. — Bourbaki, à Nancy.

Le lendemain, le ministre ajoutait dans une nouvelle lettre : « J'ai l'honneur de vous prévenir que d'après les ordres de l'empereur et jusqu'au moment où sa majesté sera rendue à l'armée, vous prendrez le commandement de tous les corps qui vont se concentrer sur la frontière nord-est. Je donne avis de cette disposition aux commandants des sept corps de l'armée du Rhin et à M. le général commandant en chef la garde impériale. »

Le 28, l'empereur arrivait à Metz. Il y trouvait son état-major général. Il prenait le commandement. Il n'était accompagné d'aucun des membres du gouvernement.

Le 31, le roi Guillaume était à Mayence, non isolément, mais suivi des rouages principaux de l'État, de son chancelier, M. de Bismarck, et de son ministre de la guerre, M. de Roon, en un mot, des chefs de la politique et de la guerre.

Ainsi, la politique intérieure avait exercé une action continue sur le choix des chefs, sur la répartition des troupes et la conduite de l'armée.

La politique extérieure en avait eu une, tout aussi capitale, sur le déploiement stratégique.

« Napoléon III, dit le prince de Hohenlohe, voulait, avec une armée qui *était prête*, remporter par surprise quelque succès. Il espérait trouver dans les États de l'Allemagne des sympathies à l'aide desquelles il les aurait détachés de l'alliance de la Prusse. Il comptait aussi que les menaces de l'Autriche et de l'Italie viendraient l'effrayer. »

A part une exagération peu convenable dans cette affirmation de l'armée française *prête*, il y a un fonds de vérité dans l'assertion du général allemand. Si nos troupes s'étaient maintenues constamment en arrière de la ligne frontière, au lieu d'occuper, comme elles le pouvaient aisément, Landau, Pirmasens et Deux-Ponts, le résultat en était dû aux incertitudes de notre politique extérieure (1).

Depuis 1866, la guerre entrait dans les prévisions de tous les gouvernements.

« Napoléon III (2), sous l'impression du danger qu'il avait couru au mois d'avril 1867, lors de l'affaire du Luxembourg, discutait avec François-Joseph et Victor Emmanuel, l'éventualité d'un conflit. Il ne s'agissait pas de provoquer des complications, mais d'être en mesure, le cas échéant, de s'opposer à la transformation violente du centre de l'Allemagne, autrement dit, d'empêcher la violation du traité de Prague. »

Ce fut malheureusement dans ce but unique

(1) Le maréchal Lebœuf m'écrivait à ce sujet le 21 octobre 1871, du Moncel :

« Cher Jung... Des influences que je n'ai pas à donner, et « l'attente de nouvelles de l'Autriche et de l'Italie ont fait « perdre un temps précieux... »

(2) M. de Rothan.

que les négociations furent entamées. Au mois de février 1870, l'archiduc Albert venait à Paris. Au mois de juin, le général Lebrun, aide de camp de l'empereur, se rendait à son tour à Vienne.

D'après le plan de campagne combiné entre les deux états-majors, la France devait mobiliser en treize jours quatre cent mille hommes et former trois armées, dites de Moselle, de Châlons et d'Alsace, destinées à prendre l'offensive (1). Les armées de la Moselle et d'Alsace comptaient passer le Rhin, se porter vers la Franconie, dans les environs de Nüremberg et y opérer leur jonction avec l'armée autrichienne.

Dès le début, le gouvernement autrichien faisait masser quarante mille hommes à Pilna sur les frontières de la Saxe, et quarante mille à Olmütz sur les frontières de la Silésie.

De son côté, l'Italie était chargée de tenir le midi de l'Allemagne en respect, et de jeter quarante mille hommes en Bavière.

Tous ces projets du reste étaient soumis aux incertitudes de la mobilisation. L'Autriche réclamait quarante-deux jours pour la sienne ; l'Italie tout autant. Aussi demandaient-elles à être prévenues à l'avance.

Grâce à cette combinaison, on espérait, il est vrai, imposer la neutralité au Würtemberg et à

(1) Travail préparatoire établi en 1867, par les soins du maréchal Niel, ministre de la guerre.

la Bavière, et peut-être même leur coopération active. Mais, je le répète, cette éventualité, pour l'Autriche, visait uniquement la violation du traité de Prague.

L'empereur François-Joseph éprouvait une sorte de répugnance pour la lutte. « J'en ai fait deux malheureuses, disait-il au général Lebrun. Je n'en ferai pas une troisième, à moins d'un intérêt suprême. Il faudrait que l'indépendance de la Bavière et du Würtemberg fût menacée pour me décider à demander à mon peuple de nouveaux sacrifices. Il me serait difficile de ne pas m'associer à la France, le jour où elle rappellerait la Prusse au respect du traité de Prague. »

Malheureusement, en l'espèce, la question du traité de Prague n'était pas directement en jeu.

« Dix jours après le retour du général Lebrun, l'incident Hohenzollern éclatait, et la guerre était engagée, sans aucune précaution préalable. »

Le 8 juillet, l'Autriche se récusait poliment. M. de Beust écrivait à M. de Metternich :

« Il importe qu'il n'y ait pas de malentendu. Je tiens à ce que l'empereur et ses ministres ne se fassent pas l'illusion de croire qu'ils peuvent nous entraîner simplement à leur gré, au delà de ce que nous avons promis. Le seul engagement que nous avons pris, c'est de ne pas nous entendre avec une tierce puissance. Nous le tiendrons; mais parler avec assurance, ainsi que l'a fait le duc de Gramont, dans le conseil des ministres, de corps d'observation que nous placerions en Bohême, c'est pour le moins s'avancer bien hardiment. Rien n'autorise le gouvernement à faire entrer cette combinaison dans ses calculs. Le cas de guerre a bien été discuté dans les pourparlers, toutefois il n'a pas été arrêté et même si on voulait donner une valeur plus réelle aux projets restés à l'état d'ébauches, on ne saurait en tirer la conclusion que nous sommes tenus à une démonstration armée dès qu'il conviendrait de nous la demander. »

M. de Beust ajoutait avec une nuance d'ironie et de méfiance pour les politiques du quai d'Orsay : « Il ne faut pas qu'un accès de mauvaise humeur nous ménage une de ces évolutions subites auxquelles la France nous a habitués. C'est un dangereux écueil qu'il s'agit d'éviter. Faites donc sonner bien haut la valeur de nos engagements, notre fidélité à les respecter, afin que l'empereur Napoléon ne s'entende pas tout à coup avec la Prusse à nos dépens. »

Avec l'Italie, l'entente semblait plus simple. Les deux peuples ont les mêmes intérêts, les mêmes besoins, les mêmes aspirations. Les événements de 1859 étaient encore tout récents. Il n'y avait pas de violation du traité de Prague à invoquer.

Malheureusement une grave cause de malentendu subsistait entre les deux gouvernements. Sous l'empire d'une suggestion de race, le peuple italien tout entier souhaitait la libre possession de sa capitale historique, Rome. Le gouvernement français, en y maintenant une garnison, froissait donc un sentiment réellement national.

Qu'eût-on dit, en France, si Paris eût été occupé militairement par des étrangers, sous prétexte d'y maintenir une autorité contestée par le reste de la nation?

Or, il y a une morale pour les peuples comme pour les individus. Il ne faut pas faire aux autres ce que l'on ne voudrait pas qu'on vous fît.

Tôt ou tard, on subit les conséquences de cette violation d'un principe supérieur.

Les demandes italiennes n'étaient pourtant pas si comminatoires au début. On désirait simplement l'occupation du territoire pontifical, à l'exception de Rome et de ses environs immédiats.

Moyennant cet abandon, la France et l'Italie s'attachaient par un traité d'alliance offensive et défensive. C'était à Vichy en 1864. L'empereur refusa.

« Puisse, répliqua M. de Menabrea, votre majesté ne pas regretter un jour les trois cent mille baïonnettes que je lui apportais. »

En 1866, la négociation fut reprise avec tout

aussi peu de succès. Mais les événements avaient marché, Sadowa était survenu. On sentait la nécessité d'une cohésion. Seule la question de Rome empêchait toute solution. Le ministre des affaires étrangères de France n'y voulait rien entendre. Il télégraphiait à M. de Malaret : « Si c'est l'entrée des Italiens à Rome, après le départ de nos troupes que l'on demande, c'est impossible. »

M. de la Tour d'Auvergne disait de son côté au général Türr à Vienne : « Si l'Italie ne veut pas marcher, qu'elle reste. »

Or, la guerre était déclarée.

Cinq jours plus tard, une évolution considérable se faisait dans l'église catholique. Le Vatican arrêtait tout mouvement, au moment même où le monde allait l'affirmer de la façon la plus inattendue et la plus douloureuse pour la France. Le 15 juillet, on déclarait la guerre ; le 20, l'infaillibilité papale était proclamée.

Les amis des trois nations ne restaient pourtant pas inactifs. Ils continuaient à tenter une soudure si désirable. Nos troupes étaient toujours immobiles à la frontière.

Le 3 août, M. le comte de Vimercati qui, « depuis le début des événements faisait la navette entre Paris, Vienne et Florence, arrivait au quartier général de Metz, avec un nouveau traité concerté entre M. de Beust et M. Visconti Venosta.

« Signez toujours, disait à l'empereur le prince Napoléon. Signez le traité malgré ses fautes d'orthographe. Avisez Vienne et Florence que vous avez signé, engagez vos alliés. Les modifications s'imposeront si nous sommes victorieux; si nous sommes battus, vous aurez du moins un retranchement, un titre pour invoquer l'appui de vos amis, mais, pour Dieu, signez avant que le sort des armes ait prononcé. »

Malheureusement, d'actif, l'empereur était devenu passif. Il était malade et, prenait conseil sur conseil; il télégraphiait. Le 3 août au soir, il écrivait : « Je ne cède pas sur Rome, malgré les instances de Napoléon. »

C'en était fait.

M. de Vimercati repartait.

Le lendemain, l'armée du prince royal écrasait la division Douai à Wissembourg, et le 6, le corps du maréchal de Mac-Mahon à Wœrth.

Le 6 au soir, a nouvelle parvenait à Victor-Emmanuel, alors au théâtre. « Pauvre empereur, s'écria-t-il; mais f..., je l'ai échappé belle. »

Le mot partait du cœur. Il est compréhensible. Il n'est peut-être pas juste en politique.

Celui de M. Massari, l'ancien familier de Cavour, paraît plus exact : « Veuille le ciel qu'il n'arrive pas à la pauvre Italie ce qui est arrivé, à la fin du dernier siècle, à la plus puissante République italienne ! »

« Je n'admets pas qu'on puisse rire quand la

France pleure, » disait plus tard à la tribune le député Ferrari.

M. Ferrari a raison. Tout affaiblissement de la France a sa répercussion en Italie. La France disparue, l'Italie est appelée fatalement à disparaître à son tour.

En tout cas, le mal était fait. Nous venons de constater les effets de la politique sur notre déploiement stratégique.

« L'empereur, dit le prince Napoléon, crut voir dans les lettres de François-Joseph et du roi d'Italie l'assurance que ces lettres pourraient à un moment donné servir de base à la rédaction d'un traité qu'on n'aurait plus qu'à signer en quelques jours. L'événement a prouvé que c'était une grave erreur. Mais il faut le reconnaître, la conduite des deux représentants à Paris de l'Autriche et de l'Italie était bien faite pour illusionner l'empereur. Ces deux envoyés, dans des conversations particulières, dans des épanchements intimes très explicites, affirmaient à ce point les bonnes dispositions de leurs gouvernements qu'ils les engageaient plus qu'ils n'y étaient autorisés. Les rapports fréquents et directs que M. Nigra et le prince Metternich avaient aux Tuileries ont évidemment égaré l'empereur et son entourage. Ils ont créé et entretenu des espérances trompeuses. »

La responsabilité n'en reste pas moins grande

pour le ministre des affaires étrangères de France et pour le ministre de la guerre. L'indissolubilité de la stratégie et de la politique, si bien réclamée par M. de Moltke, n'avait pas eu lieu.

Sur ce point, M. de Rothan est tout aussi affirmatif.

« Le duc de Gramont, dit-il, s'est justifié aux dépens du ministre de la guerre, et le maréchal Lebœuf a reproché au ministre des affaires étrangères de lui avoir promis, sinon l'entrée en campagne immédiate de l'Italie et de l'Autriche, du moins des démonstrations militaires sur les frontières allemandes, dès l'ouverture des hostilités, qui eussent impressionné les États du Midi et paralysé une partie des forces prussiennes. Mais il est difficile d'admettre des arguments qui ne tendent à rien moins qu'à détruire la solidarité entre les membres d'un même gouvernement.

« *Un ministre de la guerre ne peut pas se retrancher derrière sa spécialité, et alléguer qu'il n'était pas juge des relations internationales, que son devoir se borne uniquement à exécuter les mesures dictées par la politique, pas plus qu'un ministre des affaires étrangères, pour justifier la témérité de ses conceptions, ne saurait se retrancher derrière son ignorance des choses de la guerre et prétendre qu'il n'a pas à se préoccuper de l'état et du nombre des forces qui devront se rencontrer sur les champs de bataille.* »

Cette appréciation paraît profondément vraie.

La politique, extérieure et intérieure, agit aussi bien sur les débuts d'une campagne que sur la période préparatoire du temps de paix. Il suffit de jeter les yeux sur les agissements des puissances concurrentes pour s'en faire une idée bien exacte.

A l'extérieur, le soin que l'Allemagne a de rechercher les alliances, la hâte et l'ardeur mises au percement du Saint-Gothard, le soin apporté aux choix de diplomates parfaitement au courant des affaires militaires, la multiplicité de ses agents dans les pays neutres, son action commerciale sur certains points donnés, Rotterdam, Anvers, Flessingue, Bâle, Zurich, etc., sont les indices du développement d'une idée stratégique continue.

A l'intérieur, les crédits demandés, les armements, la création de corps nouveaux, les voies ferrées, les constructions, les fêtes patriotiques et militaires, les brochures à sensation, les procédés spéciaux employés en Pologne, dans le Schleswig-Holstein, en Bavière, en Alsace-Lorraine, etc., sont autant de preuves de cette action concordante, soumise à une direction uniforme et persévérante.

En Angleterre, l'application toute particulière à choisir sur la surface du globe les îles et les stations, à en faire des dépôts de charbon et de troupes, de manière à posséder une ligne d'étapes continue pour sa marine, démontre la tendance stratégique permanente de la politique de son gouvernement. C'est de la stratégie commerciale appliquée à la guerre, en un mot de la lutte commerciale subordonnée à la lutte militaire.

Partout le phénomène est le même.

« Toute grande opération politique, dit M. Pierre Lafitte, est une combinaison de négociation complétée par la guerre, ou souvent par la simple menace d'une guerre, lorsque cette menace a pour garantie une convenable organisation. »

« Il est facile de concevoir, affirme Clausewitz, que les guerres conduites avec tout le poids des forces nationales réciproques, se règlent d'après des principes tout autres que celles qui n'occupent que les deux armées permanentes. Les armées permanentes ressemblaient naguère aux flottes. Les forces de terre, avaient à l'égard de l'État, le même rapport que les forces de mer. C'est là ce qui communiquait à l'art de la guerre ce quelque chose de la tactique maritime, qu'il a aujourd'hui perdu. »

Et Clausewitz ajoute : « L'erreur des théoriciens est de prétendre que le général en chef doit seul décider de l'emploi et de la direction à donner aux moyens que le gouvernement peut consacrer à la guerre. L'expérience prouve au contraire que, malgré la perfection et la diversité des formes de la guerre moderne, les lignes principales en sont déterminées toujours en conseil de gouvernement, c'est-à-dire par une autorité politique et non militaire. »

Législateurs et membres du gouvernement ont en effet une égale part dans cette direction supérieure : les premiers indirectement, en raison de l'organisation des forces, de l'éducation, des transports, des fonds nécessaires, etc.; les seconds directement, au point de vue de l'indication du but et de l'étendue à donner à la guerre.

Mais comme les ministres de la guerre et de la marine sont les seuls initiés à la discussion et à la direction de cette politique, il s'ensuit de logique façon qu'ils se trouvent être les seuls, absolument les seuls, en mesure de fournir l'ordre et le but nécessaires au chef de la stratégie positive, c'est-à-dire au chef d'état-major général.

On peut donc en déduire cette loi :

La stratégie militaire d'État ou stratégie politique constitue le choix du but à donner en vue de l'emploi judicieux des forces militaires. C'est une constante.

Ce choix est fait en conseil de gouvernement.

Il est indiqué au chef d'état-major général par les soins du ministre de la guerre.

CHAPITRE XV

STRATÉGIE ACTIVE

Après avis du gouvernement, les ministres de la guerre et de la marine ont fixé et indiqué les théâtres d'opérations possibles. Ils ont désigné les chefs. En un mot, ils ont fait de la stratégie politique.

A leur tour, leurs chefs d'état-major se sont mis à l'œuvre. Ils ont tout préparé, en vue de la défense du sol, de la mobilisation et de la concentration des forces disponibles. Ils ont appliqué les règles de la stratégie positive.

Mais la guerre est déclarée, l'ordre de mobilisation expédié, les troupes concentrées, les armées groupées, les généraux et leur états-majors à leur poste. La prise du commandement dans chacun des groupements vient d'être notifiée par l'ordre général numéro un. Alors, mais seulement alors, commence une troisième stratégie, celle-là active.

Ainsi, en 1870, les dates d'arrivée des deux chefs adverses, l'empereur à Metz, le 28 juillet, le roi Guillaume à Mayence, le 31, sont les points de départ de cette stratégie.

Jusqu'à présent, cette stratégie spéciale était la seule qu'on eût envisagée. En effet, on ne distinguait dans la conduite des hommes, ni la direction initiale, ni la préparation. Pour presque tous, la lutte et ses procédés se manifestaient uniquement lors des opérations. Sans le vouloir, on arrivait ainsi à confondre, et les phases diverses du mouvement, et les qualités nécessaires à leur action judicieuse. C'était, il est vrai, plus commode. On avait moins à travailler en temps de paix. Et puis, le génie aidant, on comptait toujours avoir le temps suffisant pour bien faire. Les événements de la dernière guerre ont eu raison de ces illusions. Il a fallu reconnaître la nécessité de la scission du travail et de la spécialisation des facultés.

« La concentration, lit-on dans le rapport du grand état-major allemand sur la guerre de 1870, se heurta bientôt aux dispositions librement arrêtées par l'ennemi. On pouvait, il est vrai, modifier ces dernières, si, en temps utile, on était prêt et résolu à prendre l'initiative ».

C'est exact. De science qu'elle était, la stratégie devint alors pour les généraux en chef un art, et l'art le plus difficile, le plus puissant qui se puisse imaginer, celui de la direction. En effet, il faut que le chef combine tout par imagination, en vue du but final tactique à atteindre.

« Ne vouloir jamais ce que veut l'ennemi, a dit Napoléon, et oser entreprendre, comme le dit Machiavel, ce que l'adversaire croit impossible que l'on tente, sont la maxime et le triomphe des grands généraux. »

En un mot, la stratégie active est l'art de la conduite des hommes et des moyens mis à la disposition de ces hommes, sur un espace déterminé, en présence d'autres hommes conduits d'identique façon par un chef ayant des idées différentes.

Mais cette stratégie est dépendante. La stratégie positive, la configuration du sol, les transports et les approvisionnements, les renseignements et la tactique sont les éléments principaux de cette suggestion.

En effet, si les points de concentration de l'armée sont bien choisis, si les troupes sont arrivées à temps, si tout est bien en main, il en résultera nécessairement un sérieux avantage pour le chef appelé à manier l'instrument.

« L'expérience, dit Jomini, prouve qu'un général met toutes les chances en sa faveur, lorsqu'il prend l'initiative des mouvements dans les opérations stratégiques.

« Pour cela il faut être le premier prêt. »

Les généraux Clausewitz, de Hohenlohe, Berthaut, Lewal, Pierron concluent dans le même sens.

Or, c'est à la stratégie positive, c'est au chef d'état-major qu'incombe le soin de grouper rapidement les forces disponibles. La stratégie active lui est donc subordonnée.

Les campagnes de 1859 et de 1870 fournissent des exemples concluants de cette relativité.

La configuration du sol a également une telle importance sur la stratégie active qu'il semble inutile d'en parler longuement. Plus les armées seront nombreuses, plus les armes seront perfectionnées, plus l'étude de ce sol sera nécessaire.

Les écrivains militaires de tous les pays ont développé ce thème. Et dernièrement encore, l'intelligent directeur de la topographie populaire, M. Hennequin (1) disait : « Dans la prochaine guerre, la victoire restera à l'armée qui saura le mieux utiliser les ondulations du sol et qui aura les renseignements les plus précis sur les mouvements de l'ennemi. »

Le rôle des transports et des ravitaillements sera tout aussi considérable. Il ne fera même qu'augmenter avec l'accroissement inattendu des effectifs.

(1) *Topographie populaire*, par F. Hennequin, imprimerie Baudouin.

L'autorité paraît être convaincue de cette nécessité. La publication d'un règlement complet sur les transports maritimes en est la preuve.

Un travail analogue sur les voies navigables et les transports maritimes en formera le complément obligé.

Il en est de même des informations militaires, c'est-à-dire de tous les renseignements imaginables sur les forces des adversaires. Elles sont à la stratégie active ce qu'est le *reportage* à la *presse*.

En temps de paix, elles sont puisées dans les statistiques et les publications des différents États. En temps de guerre, elles sont fournies par des reconnaissances officielles ou officieuses.

Pour le général en chef, c'est-à-dire pour la stratégie active, elles constituent l'un des moyens de surprendre les intentions de l'ennemi et de les combattre utilement.

La guerre de 1870, dans ses débuts, nous fournit un des exemples les plus curieux de la préoccupation singulière de l'état-major allemand pour un genre de service qui n'existait même pas en France.

Dans son numéro du 23 août 1870, l'*Indépendant de la Moselle* rendait compte de l'arrestation, du jugement et de l'exécution d'un espion allemand, le baron de D.... L'auteur de l'article en racontant l'événement, ajoutait, sous forme de péroraison :

« Cet homme, qui est en partie cause du désastre de Wissembourg en annonçant d'une manière positive aux ennemis qu'ils pouvaient attaquer et anéantir la division Douai, a été condamné, hier, à la peine de mort par le conseil de guerre, peine qui ne l'a nullement surpris. Cette condamnation n'est que trop méritée. Le sang d'un espion ne vaut certainement pas le sang du dernier de nos soldats et surtout le noble sang répandu par sa faute à Wissembourg. »

Le fait était malheureusement exact. Il est instructif.

Trois jours après la déclaration de la guerre, un individu porteur d'un passeport américain, au nom de E. Schull, se présentait chez un des généraux français présents alors à Strasbourg.

Grand, élancé, âgé de quarante-cinq ans environ, Schull était mis avec recherche, souliers vernis découverts, bas de soie, complet de couleur, rosette multicolore, chapeau mou, bagues au doigt, chaîne de montre riche.

La figure était osseuse, le nez aquilin légèrement busqué, l'œil gris d'acier, profondément enfoncé dans l'orbite.

Il se disait ingénieur, prétendait être en Allemagne pour ses entreprises commerciales, détester les Prussiens et tenir à prouver à un général français qu'un Américain ne pouvait oublier les services rendus à sa patrie par les Lafayette et les Rochambeau. Dans ce but, il était heureux de pouvoir se mettre à la disposition de la France, précisément en raison des services que son titre d'étranger et ses grandes relations lui permettaient de rendre.

Sans plus ample informé, le général accepta. Le 21 juillet, Schull quittait Strasbourg et se rendait à Carlsruhe. Le 26, il était de retour. Il rapportait un nombre relativement grand de documents, particulièrement sur la formation technique de l'armée du prince royal. En échange de ces renseignements banals, il en sollicitait d'autres plus importants, pour lui permettre, disait-il, d'en rapporter de plus complets et de traverser nos lignes sans être inquiété. Il obtint ainsi des informations détaillées sur les projets de dislocation du premier corps d'armée, etc... Mais les agissements de Schull n'avaient pas été sans attirer l'attention d'un témoin de ses conférences. Celui-ci se méfia, il le fit surveiller, mais quand il voulut faire arrêter Schull à l'hôtel de Paris où il était descendu, ce dernier avait disparu.

Ce départ n'était pas définitif. Schull avait trop bien réussi pour ne pas recommencer. Mais par où rentrerait-il, et à quelle époque? Reviendrait-il par Bitche ou Wissembourg? De ce côté, il savait plus que le nécessaire. L'important pour l'état-major allemand était d'être fixé sur nos réserves possibles en arrière des Vosges. Pour y arriver, le plus simple était encore de rentrer en France par Bâle et de gagner la Lorraine par Mulhouse et Vesoul. Bâle était donc le seul point de retour indiqué.

Restait la question de temps.

Pour se rendre à Carlsruhe et de là à l'état-major allemand à Mayence, il fallait compter six ou sept jours, en raison de l'encombrement des lignes ferrées, des explications à donner et à recevoir. Le retour en exigeait à peu près autant.

Or, tout se réalisa comme il avait été prévu.

Le 8 août, Schull passait le Rhin à Bâle en calèche découverte, en compagnie d'un juif nommé Sad... et d'une femme. Le commissaire de frontière, prévenu à l'avance de cette éventualité s'y trouvait, le suivait à Mulhouse et le faisait arrêter à Vesoul.

Le 11 août, il arrivait à Metz.

Mis en présence de l'officier qui l'avait connu à Strasbourg, Schull perdit la tête et entra dans la voie des aveux. Il ne s'appelait pas Schull, mais le baron de D... Il était Autrichien et ingénieur. Au Mexique, il se trouvait avec Maximilien. Actuellement, il habitait Heidelberg avec sa femme et ses deux filles. Il était à la solde de la Prusse. A ce sujet, il entra dans les détails les plus circonstanciés. Il refit l'alphabet de convention, indiqua les significations des formules algébriques mentionnées sur son calepin et donna toutes les explications désirables sur la partie du service dont il avait connaissance.

Il était porteur d'un laissez-passer du quartier-maître général, ainsi conçu :

« Le porteur du présent, le sieur de Schull D... est autorisé à s'arrêter dans l'étendue des armées génératrices. Les commandants royaux sont invités à ne point lui mettre d'obstacle à cet égard. »

Mayence, le 6 août 1870.

Signé : Sobieski.

Sur son passeport américain, se trouvait un second mot de passe :

Leczinski, oberst-lieutenant, chef d'état-major du général de Rayer de la division badoise.

Ceci, c'était le billet de circulation. Pour les initiés, le mode de reconnaissance était des plus originaux. La petite plaque ronde de l'avance et retard, fixée habituellement dans l'intérieur de toutes les montres, était remplacée dans la sienne par une plaque médaille du roi Guillaume, portant le millésime de 1870 (1). Ce

(1) D'après le général Fay, le signe de reconnaissance était une pièce de la grosseur d'un Napoléon. Sur l'une des faces était l'effigie du roi Guillaume, sur l'autre cette inscription : 21/2 groschen 1870.

signe ne se montrait qu'aux chefs d'état-major.

Schull prétendait que la convocation excentrique de la troisième armée à Carlsruhe et Rastadt avait un caractère essentiellement politique. Le gouvernement prussien n'avait qu'une confiance fort limitée dans le Wurtemberg et surtout la Bavière. Afin d'être mieux à même de surveiller le groupement des forces de l'Allemagne du Sud, il avait fait choix d'un chef sympathique, du prince royal. Enfin, pour éviter toute arrière-pensée de la part des Bavarois, on leur avait fait passer le Rhin le plus tôt possible, de manière à les exposer les premiers au feu des Français.

Pour les opérations, il affirmait avoir exercé par la précision de ses renseignements une action décisive sur l'attaque inexplicable du 4 août.

En faisant ces révélations et bien d'autres, le baron de D... espérait avoir la vie sauve. Il n'en fut rien. Il passa en conseil de guerre et fut condamné, malgré l'habile défense de Me Luxer (1), son défenseur.

Si j'ai insisté sur cette affaire et sur sa connexité avec le combat de Wissembourg, c'est

(1) Schull mourut bravement, en aventurier qui sait ce qui l'attend en circonstances semblables. Il n'eut un instant de regret de la vie, que pour ses filles. Avant de subir le feu, il désira fumer un dernier londrès et demanda à rester debout. Il fut naturellement fait droit à ses demandes.

qu'elle jette un certain jour sur les débuts stratégiques de la campagne de 1870.

Au 31 juillet (1), les forces allemandes avaient la forme d'une sorte de fer à cheval présentant sa partie concave à la France. La branche droite du fer était formée par la Moselle, l'autre par le Rhin. Celle de gauche était de beaucoup plus rapprochée de la frontière que la précédente. Elles étaient séparées par un massif, le Haardt et le Hundsruck.

D'après le rapport officiel allemand, « la zone comprise entre le Haardt et le Hundsruck a une largeur moyenne de trente à trente-huit kilomètres. Elle est limitée approximativement par les deux séries de routes, Krichheinbolemden à Kaiserslautern, Saarbruck à Krausnach, Birchenfeld à Merzig.

« C'est une région formée en partie de collines mollement ondulées, très peuplées, en partie aussi de terrasses plus élevées couvertes de bois.

(1) La situation des deux armées était la suivante :
Armée allemande : Douzième corps, à Mayence; dixième, à Binque; cavalerie à Alsouy; troisième, à Wonstedt; neuvième, à Worms; garde, à Frankenthal; septième, à Trèves; huitième, à Thalfong; quatrième, à Dürckheim; cinquième et onzième, à Landau; Bavarois, à Spire et Edenkohen; Wurtembergeois, à Bruchsal; Badois, à Carlsruhe.
Armée française : Premier corps, à Haguenau et Strasbourg; deuxième, à Forbach; troisième, à Saint-Avold; quatrième, à Sierck et Bouzonville; cinquième, à Sarreguemines et Bitche; sixième en formation, à Châlons; septième en formation, à Colmar; la garde, à Metz.

« Pour arriver de la partie du Rhin entre Mannheim et Coblentz, jusqu'à la Sarre, il faut en moyenne cinq à sept marches.

« Il n'y a que trois marches de Wœrth à Sarreguemines ou Sarrebruck. Mais il fallait franchir la chaîne, coupée, il est vrai de routes nombreuses, mais dont les deux principales étaient gardées par les places de Bitche et de Wissembourg.

« Dans l'Alsace du Nord, de la Brusche à la Lauter, les moyennes et basses Vosges s'éloignent du Rhin jusqu'à trente-huit kilomètres. Toutefois le large espace ainsi laissé libre constitue une région de collines dont les contreforts se projettent souvent à l'Est jusqu'à huit kilomètres du fleuve, qu'ils atteignent même à certains points.

« Dans cette région, les affluents du Rhin coulent généralement de l'Ouest à l'Est. Les mouvements de troupes dirigés parallèlement au fleuve rencontrent donc de nombreux obstacles naturels, dont la valeur est encore augmentée surtout au nord de Haguenau, par de vastes forêts, aussi bien que par des houblonnières très étendues.

« Au nord de la Lauter et bornée à l'Ouest par les terrasses escarpées de la Hardt, s'étend, de Lauterbourg à Worms, la plaine ou Palatinat rhénan d'une largeur de vingt-trois kilomètres environ.

« Pour la défensive, les Allemands disposaient de Landau et Gemersheim. »

Sur le même terrain, les Français avaient deux places, Bitche et Wissembourg, reliées par une route et par une ligne ferrée à une voie. De Niederbronn à Sarreguemines, on pouvait agir en toute sécurité et avec rapidité, soit sur l'une des branches du fer à cheval formée par l'armée allemande, soit sur l'autre.

En renouvelant donc la méthode suivie en 1866, l'armée allemande s'exposait à un désastre. Le général Fay a eu le sentiment de cette possibilité. « Pouvions-nous conjurer le 6 août ? dit-il. Oui, si nous avions eu à notre tête le Bonaparte de 96. »

Le général Fay a raison. Si le mouvement n'a pas eu lieu, la cause en est uniquement à l'indécision du chef de l'État, ainsi qu'à l'influence de la politique intérieure. Le soin tout spécial mis par l'état-major prussien à expliquer les attaques du 4 et du 6 août en est une sorte de preuve.

Au 31 juillet, M. de Moltke (1) estimait « qu'il était opportun d'appeler immédiatement la division badoise et la division wurtembergeoise sur la rive gauche, pendant que le *pont de Maxau subsistait* encore, puis de prendre l'offensive vers le Sud. *Antérieurement* déjà ce

(1) Rapport officiel de l'état-major allemand.

projet avait été communiqué au lieutenant général de Blumenthal, chef d'état-major de la troisième armée, et le 30, à neuf heures du soir, le télégramme suivant était expédié :

« Sa Majesté considère comme opportun qu'aussitôt que la troisième armée aura été ralliée par la division badoise et la division wurtembergeoise, elle s'avance vers le Sud par la rive gauche du Rhin pour chercher l'ennemi et l'attaquer. De cette façon, on empêchera l'établissement de ponts au sud de Lauterbourg et on protégera de la manière la plus efficace toute l'Allemagne du Sud. »

Le 2 août, nouvelle dépêche dans le même sens.

« Le déploiement d'une notable partie des forces françaises, dit le rapport, donnait à la troisième armée une mission propre qui obligeait à renoncer pour le moment à la faire agir en concert direct avec les deux autres armées.

« Il fut donc décidé que la troisième armée franchirait la Lauter en plusieurs colonnes et rejetterait dans la direction de Haguenau les troupes peu nombreuses qu'elle trouverait devant elle. »

L'état-major prussien ajoutait : « Les plans d'invasion de la France et la disposition de son réseau ferré les ayant amenés à grouper leurs forces en deux masses, il importait de faire disparaître ce fractionnement, en se portant promptement en avant.

« Quand les forces allemandes prirent l'initiative de l'offensive, la position de l'ennemi les contraignait à s'avancer suivant des directions divergentes. »

Le prince de Hohenlohe dit dans le même sens : « Les patrouilles avaient confirmé les renseignements que le commandement avait reçus. D'après eux, l'armée de Mac-Mahon se concentrait entre Wissembourg et Strasbourg. Or la troisième armée allemande qui était concentrée au nord de la Lauter lui était bien supérieure en nombre. L'offensive était tout indiquée.

« Elle permettait à l'Allemagne de remplir sa mission protectrice à l'égard des États du Sud qui avaient si généreusement laissé leurs frontières ouvertes en vue de l'intérêt commun.

« On peut donc considérer le combat de Wissembourg et la bataille de Wœrth comme un hors-d'œuvre qui ne rentrait pas dans le plan général. »

De ces explications ressortent deux faits bien précis : la prétendue préoccupation de l'état-major allemand de protéger les États de l'Allemagne, et l'aveu de l'excentricité de l'attaque du 4 août.

Or, la première assertion n'est nullement fondée. Jusqu'au 3 août au soir, l'état-major français comptait presque sur une sorte de neutralité de l'Allemagne du Sud. Dans ce but, il avait empêché tout mouvement au delà de la frontière. Kehl, Maxau, Landau, Deux-Ponts, Pirmasens auraient pu facilement être occupés par nous dès le 26 juillet. Il n'en fut rien, et cela, par ordre de l'empereur. « L'intention bien formelle de sa majesté, écrit le major général, est de rester sur la défensive, d'éviter les engagements qui pourraient entraîner hors de la frontière, avant le moment que l'empereur veut fixer. »

La raison en est simple. On n'avait pas intérêt à mécontenter les gens dont on espérait se faire sinon des alliés, du moins des désintéressés.

Le second aveu est plus exact. L'attaque du 4 est un coup de main, décidé à la suite des renseignements détaillés reçus sur la situation du premier corps français. La division Abel Douai et la brigade de cavalerie de Septeuil étaient à Wissembourg, la division Ducrot entre Reichshoffen et Lambach, la division Raoult à Reichshoffen, la division Lartigue à Haguenau, la brigade de cavalerie Nansouty à Selz, la division de cavalerie de Bonnemains et la brigade de cuirassiers Michel à Brumath.

Tous étaient éparpillés et dans l'impossibilité de se prêter un appui immédiat.

En somme, comme le reconnaît l'état-major

général allemand, « les forces, dont la troisième armée pouvait disposer dans la soirée du 3 août pour se porter immédiatement en avant, comprenaient cent vingt-huit bataillons, cent deux escadrons et quatre-vingts batteries. La division Douai n'avait sur place que huit bataillons, dix-huit pièces et huit escadrons. »

Dans de telles conditions, le résultat était inévitable. La division Douai fut écrasée. Le 5, l'armée du prince royal continuait son mouvement sur Haguenau. A cette date, la deuxième armée prussienne occupait Munchweiler, Hombourg, Landstuht, Kaiserslautern ; la première se trouvait à Lebach, Steinweiler et Saint-Wendel. Or, entre Wissembourg et la colonne de Steïnmetz (première armée), il y avait de six à sept journées de marche, entre la deuxième et la troisième de quatre à cinq journées.

C'était plus qu'il n'en fallait pour écraser la troisième armée, *faisant ainsi tête-bêche* (1), entre Vosges et Rhin, c'est-à-dire dans un terrain dominé sur la droite et n'ayant pour ligne de retraite immédiate qu'un pont, celui de Maxau.

Mais l'état-major français était-il renseigné ? On a prétendu le contraire. Dans son plaidoyer (2), Bazaine a dit : « La responsabilité de

(1) Si j'emploie cette expression, c'est que ce mot significatif figurait dans les dépêches émanant de Strasbourg.
(2) *Épisode de la guerre de 1870*, par Bazaine.

l'occupation de Wissembourg est due à l'initiative du maréchal de Mac-Mahon, et l'ignorance dans laquelle il était des mouvements de l'ennemi lui fit accepter la bataille de Freschwiller dans de mauvaises conditions, tant sous le rapport tactique que sous celui de la disproportion des effectifs. »

Cette insinuation paraît erronée. Les 27, 28, 29 et 30 juillet, le chef de l'état-major général du premier corps (1), à Strasbourg, recevait journellement connaissance de l'état des forces et des projets de la troisième armée allemande. Le 30 même, à propos de la dernière note, il écrivait à l'officier qui lui adressait ces renseignements :

« Mon cher X..., je vous remercie mille fois de votre communication qui m'a vivement intéressé et que je vous renvoie ci-joint. Amitiés.

« COLSON. »

A Metz, l'effet produit par la dépêche de l'officier avait été tout aussi grand. Le 30, à dix heures du soir, le major général, le maréchal Lebœuf, était à Strasbourg. Il repartait à minuit avec le maréchal de Mac-Mahon, le général Faure, le commandant de Vaulgrenant et l'officier, auteur de la *note*. On arrivait à

(1) Le brave général Colson, tué le 6.

trois heures du matin à Metz. A sept, le major général et l'officier étaient dans le cabinet de l'empereur. Sur l'ordre du maréchal, ce dernier donnait les explications de détail. Il insistait sur la fausse position de la troisième armée prussienne et sur la possibilité d'en profiter, si celle-ci persistait dans son projet d'offensive. Dans l'entourage de l'empereur, malheureusement, on ne paraissait pas disposé à croire à la réalisation de ce mouvement. On se préoccupait plus volontiers de Saarbrück et d'un passage du Rhin à Neu-Brisach.

Le 31 juillet, à midi, le maréchal de Mac-Mahon et sa suite reprenaient la route de Strasbourg. Le 1er août, les troupes d'Afrique partaient pour Haguenau.

Le même jour, l'officier d'état-major était rappelé de Strasbourg à Metz, pour confirmer par des documents nouveaux ses assertions premières. Mais la même incrédulité subsistait. On traitait ces renseignements de *désagréables*. On croyait l'armée allemande beaucoup plus éloignée, si l'on en jugeait par la carte faite sur ordre exprès par un officier d'ordonnance de l'empereur, le capitaine P... On sait le reste. Or, bien des officiers l'affirment : le 2, le 3 et surtout le 4, il était encore temps de faire appuyer à droite trois de nos corps d'armée, de masquer fortement Saarbrück, de profiter de la route et de la voie ferrée de Niederbronn, de se jeter sur la droite de la troisième armée et de l'écraser.

Mais, on ne voulait rien savoir, et l'ennemi savait tout. « Nous étions fort peu renseignés, a dit le maréchal Bazaine pour sa défense. L'ennemi entretenait de nombreux espions autour de nos camps et de nos quartiers généraux.

« Lors de l'arrivée des états-majors à Metz, on eut aussi le tort de ne pas les installer dans des maisons particulières, au lieu de les envoyer dans les hôtels publics fréquentés par les correspondants de tous les journaux de l'Europe. L'ennemi devait être ainsi très exactement informé de nos préparatifs, de nos projets, de nos mouvements, d'autant mieux que bon nombre de domestiques de ces hôtels étaient allemands ou luxembourgeois et que les communications n'étaient pas interrompues entre les pays frontières. »

Le général Fay est du même avis. L'état-major général de l'armée française était installé dans l'hôtel de l'Europe. « Jamais, dit-il, je n'oublierai le désordre et l'agitation qui règnent dans cette petite salle, destinée à recevoir, par une chaleur écrasante, trente officiers chargés de communiquer à toute une armée l'impulsion du commandement. Trois portes y donnent accès. Souvent elles s'ouvrent à la fois pour livrer bruyamment passage à nos chefs ou à tout étranger en quête du plus futile renseignement. Les ordres, les contre-ordres s'y heurtent en tous sens ; la moindre dépêche télégraphique y est l'occasion d'une excitation fébrile des plus préjudiciables à la chose publique, et fort incompatible d'ailleurs avec le calme absolu, condition première à laquelle doit satisfaire tout bon état-major. Les escaliers, les salles et la cour de l'hôtel sont absolument livrés au public et nous vivons ainsi au milieu d'étrangers et de journalistes, dont le voisinage n'est pas précisément favorable au secret des opérations. »

Mais si les renseignements ont une aussi grande importance pour la stratégie active, la tactique en a une tout aussi considérable. En effet, on comprend aisément que plus les troupes seront bien préparées tactiquement, c'est-à-dire prêtes à satisfaire à toutes les situations de stationnement, de marche et de combat, plus l'exécution du plan stratégique s'approchera de la perfection.

Une seconde déduction à tirer de cette relativité, c'est la supériorité de la stratégie active sur la tactique générale.

La raison en est simple.

On ne peut faire de la stratégie sans tactique, tandis qu'on peut faire et on fait journellement de la tactique sans stratégie.

En résumé, stratégie positive, configuration du sol, transports, renseignements, tactique, constituent les facteurs initiaux de la stratégie active. On est donc en droit de la définir : *l'emploi judicieux des troupes et des moyens mis à leur disposition sur un théâtre d'opérations donné, dans un but déterminé, mais non immédiat.*

CHAPITRE XVI

DU ROLE DE LA POLITIQUE DANS LA STRATÉGIE ACTIVE

Quel est ce rôle?

La stratégie active, avons-nous vu, commence, pour un général en chef, au moment où ce chef prend possession de son commandement.

En 1870, elle a pour point de départ l'arrivée de l'empereur à Metz, le 28 juillet.

Mais l'empereur, c'est l'État. Le gouvernement tout entier est, il est vrai, à Paris; l'impératrice a été nommée régente. En apparence, l'empereur n'est plus que le chef de l'armée; en réalité, il reste pour tous le seul responsable du grand drame qui va se jouer. Il est le pivot autour duquel se nouent toutes les ambitions, toutes les intrigues. Jusqu'à Sedan, il sera toujours et partout le chef de l'État.

A ce titre, il subit l'influence de la politique.

C'est en effet aux nécessités de la politique extérieure qu'obéit l'empereur en restant inerte derrière la frontière.

C'est la politique intérieure qui influe sur le choix de Bazaine et sur l'abandon de l'armée de Metz par l'empereur.

A la suite des affaires de Wissembourg et de Wœrth, le 8 août, le maréchal Lebœuf avait donné sa démission de major général. L'empereur la refusa tout d'abord.

« Sur qui voulez-vous que je compte, disait-il. »

L'empereur avait raison. Dans cette simple phrase, il résumait toute son angoisse, tout un drame d'État. Il connaissait les hommes; il avait trop eu besoin de leurs vices pour ne pas apprécier davantage la loyauté et le dévouement du maréchal. A ces heures graves d'un règne, un chef d'État, quelque fatigué qu'il soit, quelque sceptique qu'il puisse être devenu, pèse en lui-même le pour et le contre de toutes choses. Il comprend alors, mais trop tard, l'importance du choix des chefs, de ceux entre les mains de qui sont remises les destinées d'une nation.

Instinctivement, l'empereur paraissait éprouver une sorte de répugnance à employer Bazaine. Il songeait à Pélissier qui n'était plus, à Decaen, à ce héros de Sébastopol et de Solférino, à celui qu'il avait vu mener sa division de si brillante et de si savante façon à Cavriana.

Mais Decaen, en disgrâce depuis 1862 (1), n'était pas maréchal. Il ne pouvait donc pas avoir de commandement.

Il fallait pourtant prendre une décision. On fit intervenir la politique.

Le 8, à quatre heures du soir, le secrétaire Piétri télégraphiait de Metz à l'impératrice : « N'écoutant que mon dévouement, j'ai demandé à l'empereur s'il se sentait assez de force physique pour les fatigues d'une campagne active, pour passer des journées à cheval et les nuits au bivouac. Il est convenu avec moi qu'il ne le

(1) En 1862, Decaen était général de division à Bayonne. Cette année, l'empereur et l'impératrice se rendaient à Biarritz. Les autorités civiles et militaires étaient à la gare. Le train impérial venait d'arriver. Du wagon-salon, une seule personne, suivie d'un officier d'ordonnance, était descendue, c'était l'impératrice. L'empereur était resté dans la voiture pour achever la lecture d'un livre fort humoristique sur les mœurs militaires de l'Allemagne ; l'*Histoire d'un bouton*. L'impératrice, par inadvertance, ne connaissant d'ailleurs aucun des officiers présents, passa devant eux sans mot dire pour aller prendre le bras du préfet de Pau, M. d'Auribeau.

Le général Decaen, tout ému, croyant à une mauvaise intention, se retourne vers ses officiers :

« Messieurs, dit-il, demi-tour. Nous n'avons rien à faire « ici. »

Mais du train, le mouvement a été vu. L'empereur, prévenu de ce qui se passe, descend. Il rejoint l'impératrice, la ramène en présence des officiers rappelés. Il les lui présente tous et plus spécialement Decaen, le chef du régiment tête d'assaut à Sébastopol.

L'impression de la rencontre resta mauvaise, Decaen ne s'y trompa pas. Quelque temps après, on l'envoyait à Besançon et de là à Metz, où la guerre le trouvait toujours divisionnaire. Petite cause, grands effets.

pouvait pas. Je lui dis alors qu'il valait mieux aller à Paris, réorganiser une autre armée et soutenir l'élan national avec le maréchal Lebœuf comme ministre de la guerre et laisser le commandement en chef de l'armée au maréchal Bazaine, qui en a la confiance et auquel on attribue le pouvoir de tout réparer.

« *S'il y avait encore un insuccès, l'empereur n'en aurait plus la responsabilité entière.*

« C'est aussi l'avis des vrais amis de l'empereur. »

La réponse est prompte. Le 11, le choix de Bazaine est arrêté, la démission du maréchal Lebœuf acceptée, Decaen nommé au commandement du troisième corps d'armée, celui à la tête duquel il doit être blessé mortellement trois jours plus tard.

Le 16 au matin, l'empereur quittait l'armée de Metz. « L'empereur m'avait envoyé chercher, raconte Bazaine. Je trouvai sa majesté déjà en voiture avec le prince impérial et le prince Napoléon. Les bagages étaient partis dans la nuit, sous l'escorte du bataillon des grenadiers de service.

« Je m'approchai de la voiture sans descendre de cheval. L'empereur paraissait souffrant. Il me dit ce peu de paroles : « Je suis décidé à partir pour Verdun et Châlons. Mettez-vous en route pour Verdun dès que vous le pourrez. »

Le 16 au soir, l'empereur était en effet au

camp de Châlons. Il y retrouvait le maréchal de Mac-Mahon.

Son intention était alors de retourner à Paris avec les troupes du maréchal.

- Le 17, il écrivait dans ce sens au général Trochu :

« Mon cher général, je vous nomme gouverneur de Paris et commandant en chef de toutes les forces chargées de pourvoir à la défense de la capitale. Dès mon arrivée à Paris, vous recevrez notification du décret qui vous investit de ces fonctions ; mais, d'ici là, prenez sans délai toutes les dispositions nécessaires pour accomplir cette mission. »

On adressait en même temps aux journaux la note suivante : « Le général Trochu, nommé gouverneur de Paris et commandant en chef, partira immédiatement pour la capitale. Il y précédera l'empereur de quelques heures. Le maréchal de Mac-Mahon se dirigera avec son armée sur Paris. »

Le soir même, le ministre avait connaissance de la décision prise. A dix heures et demie, il télégraphiait à l'empereur :

« L'impératrice me communique la lettre par laquelle votre majesté annonce qu'elle veut ramener l'armée de Châlons sur Paris. Je la supplie de renoncer à cette idée qui paraîtrait l'abandon de l'armée de Metz qui ne peut opérer en ce moment sa jonction à Verdun. Ne peut-on pas tenter une puissante diversion sur les corps prussiens déjà épuisés par plusieurs combats? L'impératrice partage mon opinion. »

Sur ces entrefaites, le général Trochu arrivait à Paris. Dès le lendemain matin, il se présentait chez le ministre.

Le général Schmitz et le lieutenant-colonel de Clermont-Tonnerre étaient présents.

« Lorsque Trochu eut mis le ministre au courant de son dernier entretien avec l'empereur, lorsqu'il lui eut fait part de sa nouvelle situation et rendu compte de sa visite à l'impératrice, le mécontentement qui s'accentuait de plus en plus sur la figure du ministre prit un libre essor. Il interpella vivement Trochu.

« Suis-je ministre, oui ou non? Suis-je responsable? Les choses les plus graves se font en dehors de moi, sans même que j'en sois prévenu. Vous êtes gouverneur de Paris? Qu'a encore décidé l'empereur? Du reste, n'ayant pas été avisé de votre nomination, je me demande ce que vous venez faire ici? Vous dérangez tous mes projets. »

En fait, le ministre recevait en partie satisfaction.

Dès le lendemain, l'empereur revenait sur sa décision première. Le maréchal n'allait plus à Paris. Il recevait l'ordre de tenter sa jonction avec Bazaine. Mais l'heure des résolutions fermes n'avait pas encore sonné, paraît-il.

Le 21, nouvelle disposition, nouvel ordre, cette fois sur les instances de M. Rouher. « Le maréchal de Mac-Mahon est nommé général en chef de toutes les forces militaires composant l'armée de Châlons et de toutes celles qui sont ou seront réunies sous les murs de Paris ou dans la capitale (1). »

Le lendemain 22, à une heure cinq minutes du soir, le ministre de la guerre réplique à son tour. « Le sentiment unanime du conseil, en présence de la situation du maréchal Bazaine, est plus énergique que jamais. Les résolutions prises hier soir devraient être abandonnées. »

Elles le furent en effet. Cette fois, l'empereur se voyait définitivement éloigner de Paris. Il ne devait plus y rentrer, Sedan était proche.

A Metz, il en était de même. La politique fut le seul guide de la conduite de Bazaine.

« Le maréchal, a dit le général Deligny (2), a toujours demandé à la politique les voies et les moyens de se tirer du mauvais pas où il s'était engagé.

« Tout entier aux intrigues, préoccupé à la fois et de les faire aboutir et du soin de les dissimuler à son armée, il a laissé constamment celle-ci dans l'ignorance de sa véritable situation et l'a conduite à sa perte déjà consommée avant qu'elle n'ait eu conscience de son état.

(1) Fait à Reims, le 21 août 1870. Signé, Napoléon.
(2) *L'armée de Metz*, par le général de division Deligny.

« Le 12 septembre, Bazaine disait à ses officiers : Nous attendrons les ordres du gouvernement. Mais nul ne songeait à s'enquérir de quel gouvernement le maréchal avait voulu parler.

« Était-ce de celui qui était tombé, le 4 septembre, ou de celui qui était debout à l'heure présente.

« La logique et le bon sens démontraient que ce n'était pas du gouvernement de la Défense nationale que le maréchal attendait des ordres. »

En effet, raconte le général Derrécagaix dans son *Histoire de la guerre de* 1870, le maréchal donnait, le 25 septembre, l'ordre suivant :

ORDRE

Sa Majesté l'Impératrice ayant mandé auprès de sa personne, M. le général de division Bourbaki, commandant la garde impériale, cet officier général est autorisé à s'y rendre.

« Le maréchal de France,
commandant en chef de l'armée du Rhin.

Signé : BAZAINE. »

Dans son rapport au conseil de guerre de Trianon, le général Séré de Rivière a donc pu dire :

« En s'isolant de parti pris du gouvernement de la Défense nationale, après l'avoir reconnu ; en demeurant dans l'inaction, alors qu'il était possible de percer les lignes du blocus; en foulant aux pieds ses devoirs militaires pour s'engager avec l'ennemi dans des menées politiques ayant pour but sa satisfaction personnelle, prêt à se soumettre, pour assurer leurs succès, à un démembrement du territoire; en trompant ses lieutenants toutes les fois qu'ils les consulta; en surprenant la confiance de ses soldats pour leur retirer les drapeaux destinés à être remis à l'ennemi; en sacrifiant la durée de la résistance de Metz au succès de ses trames, le maréchal Bazaine a manqué à ses devoirs envers le pays et envers son armée. »

A Paris, la politique fut également maîtresse. « Elle a joué, dit M. e commandant Canonge (1), pendant tout le temps du siège un rôle malheureusement trop prépondérant. »

« C'est un siège où tout se mêle, la guerre et la politique, dit également M. de Mazade ».

Du reste, ajoute M. A. Duquet : « Comment raconter et expliquer les événements et les batailles, sans parler de la politique et des hommes qui agirent en son nom? »

L'amiral La Roncière Le Nourry est tout aussi concluant. Pour lui, « la préoccupation politique, avant comme après le 4 septembre, a dominé la situation. »

Est-ce à dire que la politique ait le droit de

(1) *Histoire militaire contemporaine*, par le commandant Canonge.

jouer ce rôle dans la stratégie active, c'est-à-dire sur les opérations d'une armée en campagne? Le fait paraît inadmissible.

Il y a, en effet, deux politiques : l'une intérieure, l'autre extérieure.

Que celle-ci exerce son action sur la direction de la guerre, la chose est naturelle, mais le gouvernement, le seul susceptible d'être à toute heure mis par ses agents au courant de cette action, *a seul qualité* pour en déduire les conséquences possibles et les ordres à donner aux chefs des armées.

Pour la politique intérieure, il n'en est pas de même.

A aucun moment, un chef d'armée n'a la faculté de se préoccuper des actes du gouvernement. Pour lui, membre de l'État, représentant de la société française à ces assises solennelles de la guerre, il n'a pas à s'inquiéter de l'étiquette et de l'estampille des ordres reçus.

L'obéissance devient le premier des devoirs ; la défaite de l'adversaire, l'unique objectif.

La patrie est impersonnelle. Elle est au-dessus de tous les partis. On lui doit tout son dévouement, tout son sang.

CHAPITRE XVII

STRATÉGIE NAVALE

Les règles de la stratégie pour l'armée de terre s'appliquent également à l'armée de mer. Il ne peut en être autrement. S'ils ne sont pas identiques, les termes du problème sont tout au moins analogues.

La stratégie navale d'État n'est autre que le choix du but à donner aux opérations maritimes.

Cette préoccupation du choix est constante. Elle est la résultante des discussions et des résolutions prises en conseil des ministres.

Les ministres de la marine, de la guerre, des affaires étrangères, de l'intérieur et le sous-secrétaire d'État aux colonies ont donc une part prépondérante dans l'examen des éventualités possibles.

Le choix fait, il est indiqué par le ministre de la marine à son chef d'état-major.

La stratégie navale positive commence alors. Elle constitue la préparation des voies et moyens, en vue des différents buts déterminés par le gouvernement.

Comme pour l'armée, on ne s'y occupe ni de personnel, ni de lois, ni de budget. On n'a en vue que l'existant, le réel.

Idéalement, cette sorte de stratégie et celle de l'armée de terre ne devraient faire qu'une seule et même stratégie, entre les mains d'un grand état-major unique.

Celui-ci, composé d'officiers de terre et de mer, serait occupé dans le silence du cabinet à préparer l'action utile de deux forces destinées à se prêter constamment un mutuel appui, ayant en définitive le même but, puisque ce but est déterminé par un conseil de gouvernement unique.

La troisième stratégie navale, celle-là active, constitue l'*emploi judicieux des forces navales, dans un but déterminé, mais non immédiat.*

Cette stratégie a son point de départ au moment où le chef de la flotte met le pied sur le vaisseau amiral, en vue de commencer ses opérations.

Elle est moins indépendante que la stratégie active de l'armée de terre ; par suite de sa soumission à la stratégie positive pour son ravitaillement en charbon, en matériel et en approvisionnements, par l'uniformité du milieu dans lequel elle est appelée à se mouvoir, la mer ; enfin par le développement forcément restreint de ses forces tactiques.

Quant à l'action politique, elle ne peut se manifester dans la stratégie positive que par l'indication du but à atteindre, et, dans la stratégie active, que par les instructions détaillées contenues dans les dépêches destinées à être ouvertes en mer à des dates déterminées.

Dans la stratégie préventive seule, c'est-à-dire dans la stratégie d'État, l'action politique exerce et doit exercer une influence prépondérante.

CHAPITRE XVIII

DES QUALITÉS STRATÉGIQUES

Les conditions d'être de ces différentes stratégies varient avec chacune d'elles. Il en résulte nécessairement des changements correspondants dans la manière de les envisager et de les appliquer.

Jusqu'ici, cette diversité n'avait pas été bien nettement spécifiée. L'erreur en est compréhensible. Pour presque tous les écrivains, la stratégie commençait seulement avec les opérations. Quelques-uns pourtant, principalement des Allemands, tels que les généraux Clausewitz, de Moltke, Blume, de Goltz, de Hohenlohe, etc., avaient bien entrevu le caractère complexe de la question, ainsi que l'immixtion de la politique dans le problème, mais ils n'avaient su ni en délimiter ni en définir chacune des parties.

Malgré eux, en s'occupant de cette partie de la science de la guerre, ils avaient uniquement songé à la stratégie active.

« En effet, dit Clausewitz, il n'est pas de solution qui réclame plus de qualités personnelles. Plus le grade s'élève, plus il exige de pénétration, d'esprit, de lumière acquise, de tact et de jugement, et plus il refoule la hardiesse et les autres fonctions de l'instinct.

« Presque tous les généraux dont l'histoire révèle la médiocrité et l'indécision dans le commandement en chef s'étaient montrés hardis et pleins de résolution dans les grades inférieurs.

« Il y a plus de mérite à faire une action par réflexion que par nécessité. »

Pour le général Bardin, « l'étude peut faire un tacticien, pourvu qu'il reste de sang-froid sous le canon, mais ce sont l'étude, l'expérience, le génie, le coup d'œil qui font le stratégiste.

« Toute circonstance inattendue, tout changement de rapport entre les belligérants, nécessitent une modification du plan primitif.

« Un tacticien ne l'est qu'imparfaitement s'il ne peut le prouver sur le terrain, sur tout terrain, sous le feu de l'ennemi, à l'improviste, mais un stratégiste peut l'être du fond de son cabinet. »

« Si, ajoute le général Berthaut, on connaissait exactement les projets de l'ennemi, la force de son armée et les positions qu'il occupe, on opérerait presque à coup sûr, et l'on obtiendrait souvent le succès, à la condition toutefois de faire une application judicieuse des principes et d'avoir une armée qui ne fût pas trop inégale en nombre et en valeur morale à celle de l'adversaire. »

Et l'ancien ministre concluait par cette phrase pleine d'épouvante pour ceux appelés à signaler les choix à l'attention du gouvernement : « Les plus belles armées finissent par succomber quand elles sont mal conduites.

« Or, disait-il, lorsque j'ai à désigner quelqu'un et que je parcours les feuillets de l'*Annuaire*, je tremble. J'ai toujours crainte de ne pas connaître assez ceux dont le nom y figure. »

Les qualités nécessaires sont en effet multiples.

« Il faut, dit le prince de Hohenlohe, que le stratège réfléchisse à tout ce qui peut arriver et qu'il ait dans la main les moyens d'y parer. Il faut pour cela un esprit très vaste, à côté d'un caractère très fort, ce qui n'est donné qu'à peu de personnes. »

La stratégie ainsi conçue est de la géométrie descriptive animée, une sorte de problème mental à résoudre par imagination, à l'aide de données scientifiques.

Il faut plus de décision pour ordonner un mouvement stratégique qu'un mouvement tactique. En tactique, on donne l'ordre sous l'impression du moment, dans un but immédiat; en stratégie, on donne l'ordre, avant et au delà, pour un but non immédiat. On doit prévoir. L'attente est cruelle.

Trente mille officiers font de la tactique.

Une centaine au plus ont occasion de faire de la stratégie.

Dans toute ma carrière, j'ai eu l'occasion de faire directement, c'est-à-dire sous mon initiative, de la stratégie d'État deux fois, de la stratégie positive une autre fois, de la stratégie active deux fois, et ce, pendant un temps relativement fort court. Partout ailleurs, j'ai fait du métier et, parfois, de la tactique.

L'histoire de France nous fournit deux grands exemples de ces maîtres en stratégie active, Turenne et Bonaparte.

Je dis exemples, et non modèles, par un motif bien simple. Les voies et moyens au dix-septième et à la fin du dix-huitième siècle ne ressemblent en rien à ceux actuels. Ce serait donc commettre un anachronisme scientifique que de vouloir imiter des faits inimitables.

Les campagnes de Turenne de 1646 et de 1674 sont incomparables.

En 1646, la France est toujours en lutte contre la Maison d'Autriche. La Suède est son alliée.

L'armée française, commandée par M. de Turenne, est en basse Alsace; celle des Suédois, sous les ordres de M. de Wrangel (1), vient de passer le Weser.

Séparées par un aussi grand espace, les deux armées sont sans force. Réunies, elles pourraient agir avec quelque chance de succès contre les impériaux ; mais, pour atteindre ce but, Turenne devrait passer le Rhin. Or, on ne peut songer à faire cette opération directement. La Bavière vient de se joindre à l'Autriche, après avoir négocié pour gagner du temps.

Il faut pourtant agir, si l'on ne veut pas perdre le fruit de toute une campagne. Turenne n'hésite pas. Il fait plusieurs fausses démonstrations, sur le Rhin, à hauteur de Colmar, descend tout à coup la rive gauche du fleuve, traverse la Moselle à six lieues au-dessous de Coblentz, le Rhin sur le pont hollandais de Wesel, le comté de la Marck, puis le duché de Westphalie. Le 10 août, il avait rejoint Wrangel ; le 24, il prenait Aschaffenbourg et détruisait en détail toutes les forces de l'ennemi.

« Quoique nous n'ayons pas donné de batailles, écrit-il à Mlle de Bouillon, nous avons eu de grands avantages sur l'ennemi, et toutes les apparences sont que nous ferons des choses fort considérables en cette campagne. »

En effet, le 9 septembre, Schondorff était enlevé, la Lech passée à Landsberg, Munich

(1) Wrangel venait de succéder au fameux Tortenson.

menacée, et l'électeur obligé de signer à Ulm les préliminaires de paix (1).

Ainsi, par de simples manœuvres, sans combat, Turenne avait obtenu des résultats surprenants. L'idée du passage à Wesel, les fausses attaques de Friedberg et de Menningen sont des inspirations de génie qui dénotent la puissance de la conception et le coup d'œil.

Turenne avait deviné les défauts du génie allemand, méthodique, consciencieux, mais ne se prêtant pas aux combinaisons rapides du moment. Le placement du verbe à la fin de la phrase dans la langue d'un peuple reste une des causes originelles de cette sorte de lenteur de l'esprit et de cette jalousie innée à l'égard de l'esprit naturellement plus vif des races dont la syntaxe de la langue est différente.

La fin de la campagne de 1674 est du même ordre. Les impériaux ont passé le Rhin. Ils occupent les ponts de la Brusch; Turenne, replié derrière la Saar, couvre Saverne et Haguenau. En novembre, il paraît abandonner la lutte; il se retire en Lorraine. Les impériaux profitent de ce mouvement pour étendre leurs cantonnements. Ils se croient en sécurité pour tout l'hiver. Mais la retraite de Turenne n'est qu'une feinte. Il tourne les Vosges et rentre inopinément en Alsace par la trouée de Belfort.

(1) Le traité de neutralité de la Bavière fut signé définitivement, le 14 mars 1647.

Les Allemands surpris n'ont pas le temps de se reconnaître. Le 11 janvier, ils avaient repassé le Rhin, en abandonnant leurs blessés, leurs malades et leurs bagages.

La campagne de Bonaparte en Italie en 1797 est tout aussi typique.

Mantoue est assiégée, Joubert est à Rivoli, Masséna à Vérone, Augereau à Legnago. Les Autrichiens, comme le feront les Prussiens en 1866 et 1870, marchent en deux masses, de manière à écraser les ailes des forces françaises.

Le 12 janvier, ils attaquent à la fois Joubert. Masséna et Augereau. Le plus menacé est Joubert. Bonaparte n'hésite pas. La division Masséna quitte Vérone le 13. Le 14, à neuf heures du matin, elle entre en ligne à Rivoli et concourt au succès de la bataille.

Le soir même, elle revient sur ses pas à Castel-Nuovo, et de là sur Mantoue. Il s'agit de repousser Provera qui a forcé le passage de l'Adige à Angliari.

Le 16, en effet, elle prend part à la bataille de la Favorite.

Dans la stratégie positive, les mêmes qualités primesautières ne sont pas nécessaires. Ce qu'il faut, c'est un réel esprit de synthèse, une grande puissance de travail, des connaissances étendues, de l'ordre, de la méthode, et surtout de la conscience, ne pas se payer de mots, aller au fond des choses et dire la vérité à ses chefs, fût-elle désagréable.

Carnot et Berthier sont restés les initiateurs de cette science et des modèles longtemps oubliés en France, mais trop bien suivis en Allemagne par Scharnhorst, et surtout par M. de Moltke.

Effectivement, M. de Moltke est plutôt un maître en stratégie positive qu'en stratégie active. M. de Freycinet est de cet avis.

D'après l'éminent homme d'État : « On a vu en M. de Moltke un stratège inspiré du génie de Napoléon Ier ou d'Alexandre, tandis que ce n'est qu'un patient calculateur, un travailleur obstiné, qui a cherché et trouvé le succès dans le soin donné à chaque chose, dans la précision accomplie des détails. La gloire de M. de Moltke sera, non dans ses conceptions stratégiques qui paraissent peu variées et ne sont point très difficiles à pénétrer, mais dans la constitution de son état-major, devenu un instrument militaire de premier ordre. »

C'est qu'en effet, cette stratégie est un instrument des plus délicats entre les mains d'une stratégie plus haute, la stratégie d'État.

Celle-ci prépare l'entente avec les alliés, les combinaisons entre les armées de terre et les flottes. Elle détermine les théâtres d'opérations. Elle décide de la force des armées, des points d'attaque possibles. Elle désigne les chefs appelés à commander. Son emploi exige une amplitude extrême de connaissances, particulièrement celle des hommes, puisque du choix du chef peut dépendre le salut du pays tout entier.

« Le problème d'ailleurs est complexe. Il intéresse la société, le gouvernement. Il est à la fois cause et effet. Il est une cause, puisque de sa solution plus ou moins logique, plus ou moins rigoureuse, peuvent surgir les résultats les plus différents. Il est un effet, puisqu'il demeure l'expression de l'État, sous sa forme la plus élevée (1) ».

L'histoire de France nous fournit deux grands modèles de ces stratégistes d'État, Carnot et Napoléon.

Le conventionnel Carnot était chargé du bureau des opérations et mouvements militaires et maritimes au Comité de salut public. En qualité de membre du gouvernement, il put donner aux actions des armées cette unité, cette énergie et cette rapidité, qui l'ont fait appeler l'organisateur de la victoire.

Il sut surtout aider au choix de ces hommes d'élite à l'aide desquels Napoléon put, en qualité de chef des pouvoirs civils et militaires, aborder l'application de cette science d'État avec la grandeur dont on admire les effets dans les merveilleuses campagnes de 1800, 1805 et 1807.

(1) *La guerre et la société*, par le général Iung.

Comme il l'écrivait à son frère Joseph, le 6 juin 1808 : « Rien ne s'obtient à la guerre que par le calcul. Dans une campagne, tout ce qui n'est pas profondément médité dans ses détails ne produit aucun résultat. Toute expédition demande à être faite d'après un système. Le hasard seul ne peut réussir. »

En stratégie d'État, il faut avoir beaucoup lu et beaucoup se rappeler.

En stratégie positive, il faut beaucoup savoir et ne rien oublier.

En stratégie active, il faut toujours lire et surtout oublier, pour ne pas avoir la tentation d'imiter.

CHAPITRE XIX

DE LA POLITIQUE

En 1830, quelques jours après les Trois-Glorieuses, paraissait, à Paris, l'*Introduction à l'étude des grandes combinaisons de la stratégie et de la tactique*.

Cette œuvre hors ligne était due à la plume d'un officier de grand talent, le baron de Jomini.

Pour la première fois, on y parlait de la politique et de son rôle à la guerre. La thèse était hardie, nouvelle. A l'étranger, elle fit sensation ; qui plus est, elle fit école en Prusse, où elle devint le thème habituel des hautes dissertations militaires.

En fait, tous les généraux prussiens sont d'une unanimité rare pour admettre l'ingérence de la politique dans la préparation et dans la direction des choses de la guerre.

D'après le général Clausewitz et ses nombreux disciples : « La guerre est un instrument de la politique.

« Elle en prend le caractère et les dimensions.

« Dans les lignes principales, elle n'est autre chose que la politique elle-même.

« A son point de vue le plus élevé, l'art de la guerre se transforme en politique, mais en une politique qui, au lieu de rédiger des notes, livre des batailles. »

« L'armée est la vassale de la politique, » ajoute M. de Moltke.

D'après le prince de Hohenlohe : « La politique à la guerre, c'est l'emploi de la guerre en vue de l'État.

« La politique, la stratégie et la tactique, doivent marcher la main dans la main.

« La politique doit être en étroite communion d'idées avec la stratégie et la tactique. »

Mais, fait curieux, si tous, depuis Clausewitz jusqu'à Blume, s'étendent complaisamment sur cette relativité, s'ils donnent une définition plus ou moins complète de la stratégie et de la tactique, ils sont muets sur la politique, sur la valeur du terme et sur les causes de son influence sur la guerre.

En France, le cas est encore plus étrange.

A part le général Lewal (1), les auteurs mili-

(1) D'après le général Lewal : « La politique détermine la guerre. Elle influe sur sa conduite et ses résultats... »

taires didactiques évitent avec un soin tout particulier de dire quoi que ce soit de la politique. Et s'ils ont à se servir de ce terme, ils semblent pris tout à coup d'une sorte de pudeur inexplicable.

Au premier abord, le fait paraît surprenant. En y réfléchissant pourtant, on arrive à trouver des raisons assez plausibles de cette bizarrerie.

Il y a là, si je puis m'exprimer ainsi, un phénomène d'hypnose social, de suggestion d'école.

Il en est des idées comme des graines; pour qu'elles germent, des conditions favorables de temps et de milieu sont nécessaires. C'était le cas en Prusse, lors de l'apparition du livre de Jomini. On s'y trouvait encore sous le coup des événements désastreux de 1806 et de la possibilité du retour de pareils accidents. Grâce aux efforts de Scharnhorst, de Stein et de Gneisenau, les principes posés par le conventionnel Dubois de Crancé avaient été adoptés, malgré les résistances du parti de la cour. Le service militaire et l'instruction obligatoires étaient devenus les bases de la rénovation générale. L'établissement d'une académie de guerre avait formé le couronnement de ce développement intellectuel.

Or, à cette école d'ordre supérieur, les cours de philosophie, de droit et de science avaient une place toute particulière. Il était donc naturel que tous les écrivains militaires, c'est-à-dire tous les généraux, y eussent puisé ces notions étendues, seules susceptibles de leur permettre d'aborder, en connaissance de cause, l'étude de ces difficiles problèmes de l'existence des États.

Il n'y a pas d'idées innées ici-bas. Celles puisées à l'école influent d'irréductible façon sur la manière ultérieure d'envisager les faits sociaux. On se trouve d'ailleurs si pressé par les événements de la vie que l'on n'a souvent, ni le temps, ni la faculté de se former une opinion bien précise sur les causes du mouvement dont on subit l'action, surtout si l'on n'y a pas préparé son esprit dès le jeune âge.

Sur ce point, en France, le retard allait devenir considérable.

Autant le moment, choisi par Jomini pour lancer sa grande théorie de la guerre, avait été bon en Prusse, autant il s'était trouvé défavorable en France.

De prime abord, à voir l'élan national survenu en 1830, on eût été en droit de supposer le contraire. La France malheureusement subissait alors les effets d'une sorte de suggestion glorieuse. Les événements de la Révolution avaient été si extraordinaires, si précipités, les victoires si grandes, si nombreuses, et les auteurs de ces hauts faits, si en évidence, si bien liés aux événements, qu'on ne pouvait même pas essayer de se rendre compte du pourquoi de tant de sublimités et de tant d'effondrements. Les chansons de Béranger, l'histoire anecdotique de Thiers, le retour violent à une sorte de spiritualisme maladif, avaient achevé de prêter à cette période une apparence romantique spéciale.

Les désastres de 1810 en Espagne, de 1812 en Russie, de 1814 et de 1815, en France, étaient déjà oubliés.

Pourquoi travailler ? Pourquoi réfléchir à toutes ces choses de la guerre, si désagréables pour les esprits superficiels et pusillanimes ? Ne suffisait-il pas à la France de frapper du pied pous faire surgir des troupes invincibles, des généraux hors ligne, comme les Marceau, les Desaix et les Kléber ? Ce que la France avait accompli en 1793, elle le pouvait bien répéter si l'occasion venait à se représenter. C'était la légende. Elle devait subsister.

Le succès des guerres d'Afrique, de Chine, du Mexique, etc., toutes luttes destinées à fausser les idées des chefs et des hommes au point de vue de la grande guerre, achevèrent de jeter un bandeau sur les yeux de la nation.

Dans les écoles militaires même, on continuait à préférer l'empirisme à la science.

Après les événements désastreux de 1870, on créa bien une École supérieure de guerre, mais sans songer à changer la méthode d'enseignement, sans penser à la transformation totale survenue dans les conditions d'être des armées modernes, par suite de l'adoption du principe du service militaire, personnel et obligatoire.

De la science de la guerre, de ses rapports avec les forces de l'État, *de la politique et de son action sur la guerre*, il n'en est question dans aucune conférence.

Mais le phénomène n'est pas spécial à l'armée. Il se présente avec tout autant de rigueur pour cette autre armée de la nation, l'armée civile.

Pour elle aussi, le mot de *politique* a pris une signification ambiguë, bizarre. Il est devenu une sorte de robe de Nessus, un art indéfinissable à la disposition de toutes les compromissions.

Des définitions, il n'y en même pas. Dans le grand *Dictionnaire militaire* du général Bardin, on trouve au mot politique, ces simples lignes, peu compromettantes :

Politique : *Substantif féminin.* Voyez administration. Voyez amnistie. Voyez armement. Voyez strateumatique. Voyez ministère de la guerre.

Dans son *Discours préliminaire*, d'Alembert considère la politique, « comme une espèce de morale d'un genre particulier et supérieur, à laquelle les principes de la morale ordinaire ne peuvent quelquefois s'accommoder qu'avec beaucoup de finesse. »

Pour Frédéric II, « qui dit politique, dit presque coquinerie »

D'après Voltaire et Mme de Pompadour, « tout le secret de la politique consiste à mentir à propos. » Ce sera là le mot de tous les abbés de cour du dix-huitième siècle, le mot du cardinal Fleury, de l'évêque Talleyrand, celui des esprits superficiels de tous les temps, plutôt soucieux de leurs intérêts personnels que de ceux de l'État qu'ils prétendent servir.

Avec le dix-neuvième siècle, on cherche à réagir contre ces futilités.

M. Dumarsais considère « la politique comme l'expérience appliquée au gouvernement de l'État ».

Dans Larousse, « la politique est la science du gouvernement des États, l'ensemble des règles qui doivent diriger la conduite des gouvernements dans les rapports entre les citoyens et avec les autres États. »

Coquelin y voit : « un art, celui de gouverner une société, une nation, en vue de certaines fins, en vue notamment d'y établir l'ordre, la sécurité, la justice, d'y maintenir et d'y faire respecter les droits de tous. »

M. Paul Janet en fait « une partie de la science sociale qui traite des fondements de l'État et des principes du gouvernement. Elle est étroitement liée à l'économie politique; au droit, soit naturel, soit positif, qui s'occupe principalement des relations des citoyens entre eux; à l'histoire, qui lui fournit les faits dont elle a besoin; à la philosophie et surtout à la morale qui lui donnent une partie de ses principes. »

Mais, « admettre des principes en politique, ajoute M. Michel Nicolas, n'est pas en bannir l'esprit de modération, c'est seulement lui donner un guide, et ne pas l'abandonner aux flots confus des événements et aux entraînements des intérêts de partis. »

« Il n'y a qu'une morale, comme il n'y a qu'une géométrie, dit M. de Rémusat. Le mot de morale politique ne peut donc pas désigner une morale particulière, mais la morale universelle appliquée à la politique.

« Des préjugés subsistent. L'un des plus répandus comme des plus opiniâtres est celui qui soustrait la politique à la morale ou la soumet à une morale différente de la morale universelle. »

On le voit, pour les uns, la politique est une duperie, pour les autres une expérience, pour celui-ci un art, pour celui-là une science, pour beaucoup une sorte de terme de mépris d'un goût douteux.

Mais à quelle opération d'esprit, à quelle genre d'action répond cette idée? Quelle en est la forme? D'où provient cette erreur de jugement au point de vue de son application ?

Personne n'en dit mot.

En réalité, cet état de choses illogique est naturel. Il en est de la politique, comme de la guerre, comme de la tactique et de la stratégie. On n'a pas voulu en reconnaître le caractère scientifique, par crainte d'être obligé d'apprendre une science si difficile. L'idée que l'on en a se trouve en effet liée à l'évolution des sociétés et des rapports existant entre ces sociétés. Elle tient surtout à la méthode acceptée pour faire l'histoire et pour l'apprendre.

A son origine, ce terme signifiait simplement le gouvernement de la cité. En Grèce, son application ne dépassait pas la limite de l'enceinte de la petite ville. Il ne prend d'extension qu'à la fin du moyen âge. Il est comme la péroraison de cette période troublée. Il devient l'expression dernière du conflit des deux pouvoirs en présence, l'Église et l'État.

« Le treizième siècle, a dit M. Barthélemy Saint-Hilaire, fut le siècle de la théocratie triomphante ; le quatorzième et le quinzième le point de départ de la ruine de cette théocratie ; le seizième, l'affirmation de cette déchéance. »

Avec le seizième, en effet, surgissent trois hommes, Machiavel, Luther et Loyola, appelés à personnifier, par leurs procédés de combat, le conflit gigantesque dont Gutemberg, avec sa merveilleuse invention, venait de fourbir les armes éternelles.

M. Paul Janet a donc écrit avec raison : « Le seizième siècle a été particulièrement un siècle de politique. Le grand renouvellement religieux suscité par Luther a profité à la science de l'État. »

Le seizième siècle est le siècle de ces apôtres des moyens nouveaux de lutte. Le premier en date est Luther (1). Sa révolte contre l'église romaine est de 1521, son *Nouveau Testament* de 1522, la profession de foi d'Augsbourg de 1530.

Pour arriver à ses fins, tous les moyens lui semblent bons. Sur ce point, sa lettre à son ami Jean Lange (2) est explicite. « Je suis convaincu, lui dit-il, que la papauté est le siège du véritable Antechrist, et pour combattre son influence funeste, *je tiens tout permis dans l'intérêt du salut.* »

Or, à l'heure même, pour ainsi dire, où paraissait le *Nouveau Testament*, mais à une autre extrémité de l'Europe, un capitaine estropié, tout aussi fanatique, quittait sa retraite de Manresa, pour se rendre au Montserrat et de là, à Jérusalem. C'était le chevalier Inigo Lopez de Loyola de Recalde (3).

(1) Luther (Martin), né à Eisleben (Saxe), le 16 novembre 1483, mort le 18 février 1546.

(2) 1520. — Lettre de Luther, Leipzig, 1828, I, p. 478.

(3) *Ignace de Loyola*, né en 1491 à Loyola, dans le Quipuzcoa, mort à Rome en 1556.

D'après le dire de l'un de ses principaux et plus remarquables disciples, le cardinal Sforza Pallavicini (1), « son étude de prédilection était la politique. C'était la première de ses facultés. »

Loyola songeait, en effet, à cette église de Rome, si violemment attaquée, et aux moyens de la défendre. Dans ce but, il créait cet instrument merveilleux de combat, l'ordre des jésuites, véritable œuvre de génie d'un nouveau Titan cherchant à arrêter la marche du monde.

Dans l'ordre, l'obéissance est passive.

« Tiens pour noir, dit Loyola, un objet qu'on te dit être noir; alors même qu'il serait blanc.

« Quand même Dieu t'aurait proposé pour maître un animal privé de raison, tu n'hésiteras pas à lui prêter obéissance ainsi qu'à un maître et à un guide, par cette raison seule que Dieu l'a ordonné ainsi. »

Et plus loin : « Une prudence consommée jointe à une pureté médiocre vaut mieux qu'une sainteté plus parfaite jointe à une habileté moins grande. »

Avec de telles prémisses malheureusement, on devait fatalement aboutir à la formule élastique du but *justifiant les moyens*, à la restriction mentale, en un mot à ces étranges

(1) *Pallavicini* (Sforza), né en 1607, mort en 1662, gouverneur d'Iéni, d'Orviéto, de Camérino, jésuite en 1638, cardinal en 1657.

doctrines, dont le caractère louche, si bien stigmatisé par Blaise Pascal, pèse encore sur l'ordre tout entier et sur ses adeptes.

Machiavel, cet autre Loyola laïque, est italien (1).

Son fameux livre, *Le Prince*, composé en 1513, n'est imprimé qu'en 1532.

On peut y lire des aphorismes de cette force : « Un prince doit choisir pour modèle le renard et le lion. Ceux qui ne s'attachent qu'à imiter le lion ne s'y entendent point.

« Un prince prudent ne peut ni ne doit observer sa foi, quand cette observance tourne contre lui et que les raisons qui l'ont fait promettre n'existent plus...

« Les hommes sont si simples et obéissent si bien aux nécessités du présent que le trompeur trouve toujours qui se laisse tromper...

« On voit par expérience que les princes qui ont fait de grandes choses sont ceux qui ont tenu peu de compte de leur parole.

« Un prince prudent ne peut ni ne doit tenir sa parole que lorsqu'il le peut sans se faire tort et que les circonstances dans lesquelles il a contracté son engagement subsistent encore... »

Tristes préceptes qui devaient exercer une influence néfaste sur la manière d'envisager la possibilité de la conduite des hommes.

(1) Machiavelli (Nicolo), né à Florence, le 14 mai 1469, mort le 22 juin 1527.

En résumé, machiavélisme et loyolisme constituent (1) « le sacrifice de tous les intérêts à un seul, la violation de toutes les lois de la morale immolées au succès. »

C'est toujours le développement de la maxime d'Ulpien :

« *Quidquid principi placuit, legis habet rigorem,* » c'est-à-dire, tout est permis au prince, au nom de la raison d'État ; le prêtre peut tout exiger, au nom de Dieu.

C'est l'*omnia pro dominationem*, la force primant le droit, avec toutes ses conséquences.

« Aussi, comme le dit M. Barthélemy-Saint-Hilaire, lorsqu'au faîte des grandeurs, il se rencontre des âmes de cet ordre, des âmes cadavéreuses, il n'y a rien alors que ne puisse rêver la perversité unie à la puissance. »

L'histoire est là pour démontrer la justesse de cette assertion et de ce mot d'un pape clairvoyant, Pie V : « La raison d'État est souvent une fiction des méchants. »

Depuis lors, l'esprit humain a marché. Il marche toujours.

Bâcon, Pascal, Hobbes, Locke, Montesquieu (2), Condorcet, Benjamin Constant (3),

(1) Paul Janet.

(2) *Montesquieu* (Charles de Secondat), né le 18 janvier 1689, mort le 11 février 1755. *L'Esprit des lois :* la répartition des trois pouvoirs, législatif, exécutif et judiciaire.

(3) *Cours de politique constitutionnelle*, par Benjamin Constant de Rebecque (1816, in-8).

Proudhon, Lamennais (1), Lamartine (2), Prévost-Paradol (3), etc., se sont faits les défenseurs de la dignité humaine contre les sophismes de la casuistique.

« Malheureusement, dit M. Barthélemy-Saint-Hilaire, si, dans les grands États, cette politique des Machiavel a dû disparaître ou du moins se dissimuler en partie devant les progrès du droit des gens et de l'honnêteté politique, cependant il y a encore de temps en temps des explosions honteuses. » Et M. Paul Janet ajoute avec une sorte de tristesse : « Il y a du machiavélisme dans la politique de tous les temps. »

Mais quelles sont les causes de l'éclosion et du développement de telles maximes ? M. Paul Janet les voit « dans l'infériorité de l'éducation, dans le caractère religieux de l'époque et l'impossibilité d'aborder hautement et nettement la situation. »

M. Paul Lafitte ajoute dans le même sens (4) : « La politique, jusqu'à ce jour, n'a été comprise et pratiquée que d'après les données fournies par la théologie et la métaphysique.

« ... Les générations pendant lesquelles s'ac-

(1) *Politique à l'usage du peuple*, par Lamennais. 1838, 2 v. in 32.

(2) *Lamartine* (A.-M. de Prat de), né le 21 octobre 1790, mort le 21 mars 1869. *La France parlementaire.*

(3) *Essais de politique et de littérature*, par Prévost-Paradol, 1859-1863.

(4) *Revue occidentale*, 1872.

complit la crise qui fait passer une société d'un régime à un autre étant des générations véritablement sacrifiées, il est naturel que ceux qui parlent pour l'avenir au nom du passé aient contre eux tous ceux qui ne voient pas si loin, ni d'un côté, ni de l'autre. »

M. P. Lafitte émet là une idée d'une justesse profonde.

Il y a de l'atavisme, de l'hypnose et de la routine dans la persistance de l'opinion que l'on s'est faite de la politique.

Du premier coup, l'homme s'approprie difficilement une idée. Cette difficulté ne fait que s'accroître avec l'âge. Encore est-il plus aisé pour lui d'adopter une nouveauté que d'accepter la modification d'une idée ancienne. Dans le cerveau, il y a toujours place pour l'admision d'un terme, d'un fait, d'une pensée, encore inconnus la veille. L'opération intellectuelle devient tout autre, lorsqu'il s'agit du remplacement d'une opinion déjà formée sur un objet par une autre sur le même objet. C'est le cas du cliché photographique sur lequel on voudrait superposer une image différente de la précédente.

« Lorsque, dit Voltaire, l'*Esprit des lois* parut en 1750, les ouvrages de Malon, de Castillon et de l'abbé de Saint-Pierre étaient les seuls livres français sur la politique qui fussent entre les mains des gens de lettres. »

Or, s'il a fallu tant de siècles pour arriver à

la constatation d'un semblable état de choses, il n'y a rien d'étonnant à devoir reconnaître le peu de progrès réalisés depuis lors dans l'étude de cette science.

Plusieurs écrivains pourtant semblent avoir entrevu la solution, ainsi que la similitude du phénomène civil et militaire.

« Pourquoi la paix comme la guerre, a dit M. E. de Girardin, n'aurait-elle pas sa stratégie? »

« La politique, c'est le progrès, » ajoute M. Paul Janet.

« La politique n'est que la guerre avec d'autres moyens, » dit Clausewitz.

M. Villemain définit la tactique parlementaire, « la manière de conduire ou de diriger les corps délibérants. »

Ce sont là des idées justes, malheureusement incomplètes. Leurs auteurs côtoient la vérité. Ils la touchent du doigt. Un dernier effort et ils vont l'atteindre, mais le caractère de personnalité humaine attaché à ce terme de politique les fascine. Ils s'acharnent à y voir une entité, par la raison simple que leurs prédécesseurs y ont vu la même chose et que leur dictionnaire ne leur dit rien d'autre.

En chimie, le même fait s'est présenté. On a pris longtemps pour des corps simples, des corps qui n'étaient en réalité que des composés.

Or nous avons eu l'occasion de constater ce

phénomène également pour la tactique et la stratégie.

La tactique militaire, ai-je dit et démontré, constitue l'ensemble des dispositions aptes à régler l'emploi judicieux des soldats, des moyens mis à leur disposition et des milieux dans un but immédiat donné.

Ces quatre termes sont nécessaires. L'absence de l'un d'eux rendrait toute tactique impossible.

En effet, on ne se bat pas dans le vide, donc le milieu s'impose.

Sans armes, sans munitions, sans vivres, sans moyens enfin, les hommes ne sauraient ni attaquer ni se défendre.

Sans hommes sur la terre, les armes seraient sans utilité.

Sans but, la tactique n'aurait pas d'objet.

En politique, il en est de même. Pour faire de la politique, il faut certains éléments, à la fois nécessaires et suffisants. Ces éléments sont semblables à ceux utilisés dans la tactique et dans la stratégie.

On peut en déduire cette définition :

La politique, dans une société donnée, constitue l'emploi judicieux des citoyens, des ressources et moyens à leur disposition, et du territoire national, en vue de la paix ou de la guerre, et pendant la paix ou pendant la guerre.

La connexité de ces quatre termes est obligatoire. Il serait en effet de toute impossibilité de faire de la politique sans l'un des deux.

Sans citoyens, il n'y a pas de société, par conséquent pas de groupement et d'utilisation possible.

Sans ressources, les mêmes hommes n'ont ni moyens d'échange, ni faculté de se garantir.

Sans territoire national, il n'y a ni société ni État.

Sans but, la politique est sans objet. Donc, scientifiquement, la politique est fonction de ces quatre termes.

Mais ces termes sont précisément ceux de l'État.

« Toute société, ai-je dit, comprend des hommes, des moyens et un milieu.

« Le milieu, c'est le territoire national, les moyens sont les ressources de toute nature existant sur ce territoire ; ces hommes sont les habitants se répartissant en gouvernants et gouvernés.

« Pour une société déterminée, la juxtaposition de ces termes constitue l'État, et peut seule le constituer. En effet, il n'y a plus d'État, si l'un d'eux fait défaut. »

Or, le rapprochement, la combinaison de termes aussi différents détermine un mouvement, produit une résultante. Cette résultante, c'est le degré de civilisation de la société au moment où l'on en a constaté l'effet.

Cette résultante est préexistante. Elle est indéterminée.

La raison en est simple.

Nous pouvons voir le présent, nous rappeler le passé, mais nous ne possédons aucune faculté susceptible de nous permettre de connaître l'avenir.

Toute prétention à la divination est une preuve inéluctable de la vanité de l'homme ou d'une maladie de son cerveau.

Nous nous rendons parfaitement compte des changements que l'imprimerie, les mathématiques, les sciences, la chimie, la physique, la vapeur, l'électricité, etc... ont apportés dans les ressources et moyens mis à la disposition des individus, et des modifications dont elles ont été les conséquences dans les rapports sociaux.

Par contre, nous ne savons rien des découvertes de demain, de leur importance et de leur action possible. Arrivés à ce point, nous sommes toujours en présence d'un vaste inconnu et d'un avenir indéterminé. Tout au plus, pouvons-nous entrevoir l'orientation des deux mouvements qui nous entraînent, l'un conscient, l'autre inconscient, vers une sorte d'unification d'habitudes, de mœurs, de coutumes, sous la grandiose impulsion d'une morale universelle, facilement acceptable par tous (1).

(1) L'abbé Lamennais a dit dans ce sens : « Toutes les « fractions du genre humain gravitent vers une gr[illegible] unité. »

Mais au moment même où nous pensons, où nous parlons, où nous écrivons, la société à laquelle nous appartenons jouit d'un certain nombre d'habitants, d'une quantité particulière de ressources, d'un territoire donné. Cet ensemble forme un tout positif, agencé de particulière façon et prenant le nom d'État.

Gouvernés et gouvernants en constituent les êtres raisonnants. Les premiers délèguent aux seconds certaines facultés pour assurer leur sécurité, leur prospérité et leur dignité (1).

Or, cette prospérité, cette sécurité et cette dignité sont des buts. Ils constituent en fait le quatrième terme de la politique.

Donc, en définitive, la politique consiste dans l'agencement judicieux des citoyens d'un État, de leurs ressources et du territoire qu'ils occupent, en vue de leur dignité, de leur prospérité et de leur sécurité.

Mais un État n'a pas seulement son existence personnelle, sa valeur propre. Il possède encore une valeur relative, par suite de ses rapports avec d'autres États, soit voisins, soit éloignés.

De ces deux situations, l'une personnelle, la seconde relative, ressortent deux politiques, l'une intérieure, l'autre extérieure.

(1) Dans sa belle étude sur la *Politique rationnelle*, M. Courcelles-Seneuil prend pour but, *la paix et la justice*, qui ne sont en somme que les diminutifs de la sécurité, de la prospérité et de la dignité.

Les buts des deux politiques sont immédiats ou non immédiats. Ainsi, un gouvernement a le désir de voir réunir chez lui un congrès, en vue d'une solution générale à faire accepter sur un sujet donné. Dans cette intention, il prépare l'opinion publique par les journaux et fait sonder celle des gouvernements intéressés par ses agents diplomatiques. Ce but, bien que déterminé, n'est pourtant pas immédiat. Il l'est le jour où les convocations sont faites, les membres du congrès réunis dans une même salle pour discuter la question, objet de tout le travail préliminaire.

Un État, en raison de certaines éventualités, pense à l'utilité possible d'une alliance. Avant de la conclure, il y a toute une série de tâtonnements, de négociations préliminaires, qui constituent un but non immédiat ; mais celui-ci le devient, au moment où les contractants discutent les termes du traité d'alliance offensive ou défensive.

Il en est de même pour la politique intérieure. Le ministre souhaite le vote d'une loi. Il fait inciter les esprits par des articles et des *interviews*, dans les feuilles à sa dévotion. Si ses idées ne rencontrent pas une opposition trop vive, il fait déposer le projet de loi, de manière à en amener l'acceptation prochaine, en séance des Chambres. Dans le premier cas, le but n'est pas immédiat, il le devient, au moment où le projet mis à l'ordre du jour entre en discussion.

En tactique et en stratégie, on n'agit pas autrement.

Dans le premier cas, le but est immédiat; il ne l'est plus dans la stratégie.

Les autres termes de l'équation, qu'elle soit tactique, stratégique ou politique, sont les mêmes. Ce sont toujours des hommes, des moyens et des milieux. Stratégie, tactique et politique sont donc en réalité trois mots différents s'appliquant à un même phénomène; seulement le terme de politique vise deux situations séparées, répondant à deux buts, l'un immédiat, l'autre non immédiat. Il est complexe; il est à la fois de la stratégie et de la tactique.

Mais l'art militaire, pour se traduire en fait, a besoin de stratégie et de tactique, donc politique et art militaire sont deux mots analogues, l'un pour les affaires civiles, les autres pour les affaires militaires. C'est en définitive l'*ars civis*, l'art civil, répondant à l'*ars militaris*, l'art militaire.

Toute l'erreur provient de la pauvreté de la langue au point de vue des choses de l'État, et de sa richesse plus grande pour les choses de la guerre.

On peut dès lors en tirer les conclusions suivantes : La politique est un art, l'*art civil*.

La politique extérieure n'est que de la straté-

gie et de la tactique appliquée à la conduite des affaires de l'État, dans ses rapports avec les autres États.

La politique intérieure est la stratégie et la tactique adaptée à la conduite de l'État.

Il ne pouvait en être autrement. Une société donnée ne peut être qu'en paix ou en guerre. Ces deux situations correspondent à un même phénomène, celui de la concurrence des sociétés pendant la paix et pendant la guerre. La guerre, en effet, n'est que la continuation de la lutte de la paix, à l'aide de moyens particuliers.

Paix et guerre représentent deux sciences, dont la synthèse est la science de l'État pour une société donnée, la science sociale pour l'ensemble des sociétés humaines. Mais, s'il y a unité dans la science, il devrait également y avoir unité dans la désignation du terme destiné à représenter le mode d'emploi. Le fait n'a pas eu lieu, par suite de la méthode empirique employée forcément pour le développement de nos connaissances. De là les mots de stratégie et de tactique acceptés pour les choses de la guerre, et celui de politique pour celle de l'État.

En résumé, la stratégie et la tactique sont à la science de la guerre ce que la politique est à la science de l'État.

Stratégie et tactique ont la même valeur que

la politique. Autrement dit, dans la politique, il y a de la stratégie et de la tactiqne.

Ainsi, dans la politique extérieure, au ministère des affaires étrangères, on fait de la stratégie et de la tactique.

Cette stratégie y est également, ou d'État, ou positive, ou active.

Cette stratégie extérieure d'État est du même ordre que celle dont nous avons donné la définition pour la guerre. C'est toujours le choix du but à donner, en vue de l'emploi judicieux possible des forces de l'État et des différentes éventualités qui peuvent se présenter.

Ce choix est fait en conseil de gouvernement.

Le ministre des affaires étrangères en est seul l'initiateur, le rapporteur et le dépositaire.

Il indique le but au chef de la direction politique. Avec ce dernier commence la stratégie positive, c'est-à-dire la détermination des voies et moyens à employer pour obtenir à un moment donné le résultat attendu.

Les ambassadeurs et les agents diplomatiques font de la stratégie active. Ce sont les généraux en chef chargés d'un commandement. Ils n'ont à faire de la tactique politique en vue d'un but immédiat qu'au moment d'exécuter le travail de chancellerie ou la rédaction des protocoles.

La politique intérieure agit d'analogue façon.

On ne fait de la stratégie intérieure qu'au ministère de l'intérieur et au conseil des ministres.

C'est là qu'on détermine le but à donner pour l'emploi judicieux et harmonieux des termes composant l'État.

Cette ligne de conduite est une constante.

Le ministre de l'intérieur en est l'initiateur, le rapporteur et le dépositaire naturel.

Les bureaux des différents ministères constituent, avec le Conseil d'État et la Cour des comptes, l'état-major général de la nation où l'on prépare tout en vue de l'action possible. Là seulement on est en mesure de faire de la stratégie intérieure et positive.

La stratégie active est dans les mains des administrateurs pour les colonies, l'Algérie et la Tunisie, et dans celles des préfets pour les questions spéciales.

La tactique intérieure se fait partout, dans les administrations pour les affaires courantes, dans les chambres délibérantes, au moment de la présentation des projets de loi.

Mais, comme nous l'avons démontré, il y a autant de tactiques militaires que de combinaisons possibles des termes de la formule représentant chacune de ces tactiques. Quant à la tactique militaire générale, elle comprend l'ensemble de toutes ces tactiques.

Le fait analogue se passe au civil.

On compte, en effet, autant de tactiques qu'il peut exister d'agencements possibles des éléments entrant dans la formule de chacune de ces tactiques.

Ainsi, prenons la tactique intérieure, cette partie de la politique. Il est évident qu'elle variera avec le ministère et les milieux divers où s'élaborent les affaires de l'État.

La réunion de ces multiples tactiques constituera la tactique générale intérieure de l'État.

Il en sera de même pour la tactique extérieure. Celle-ci changera avec les États du monde entier et les facteurs de ces mêmes États.

En stratégie civile, le phénomène se présentera de façon identique.

On peut donc en conclure à la variété des politiques, extérieure et intérieure, en raison de la condition d'être des États et de leur situation respective. Il tombe en effet sous le sens que les règles de ces politiques, autrement dit, de ces stratégies et de ces tactiques, ne doivent pas être les mêmes pour une monarchie absolue que pour une monarchie constitutionnelle, pour une république que pour un pays neutre, pour une grande puissance que pour une petite.

Considérée ainsi, la politique prend une amplitude et une grandeur extraordinaire.

Ce n'est plus la politique de Machiavel, celle

des petits moyens, l'art de parvenir qui fait subordonner tout, famille, patrie, à la soif de posséder le pouvoir ou une bribe de ce pouvoir, et surtout, de le conserver.

C'est un art de l'ordre le plus élevé. C'est l'application d'une science véritablement éblouissante, digne de nos respects et de l'étude de tous, civils ou militaires.

CHAPITRE XX

LA POLITIQUE ET L'ARMÉE

Cette définition du mot « politique » a plus d'un avantage. Elle fixe mieux nos idées ; elle retire à ce terme le caractère indéfinissable dont une sorte de légende l'avait affublé.

Elle permet enfin de déterminer la nature et l'étendue de son action sur l'armée.

D'après les grands chefs de l'armée allemande : « La politique, la stratégie et la tactique, marchent la main dans la main.

« La politique doit être en étroite communion d'idées avec la stratégie et la tactique. »

L'affirmation est nette. La phrase est pompeuse ; elle frappe, mais elle n'est pas d'une justesse absolue.

La politique, comme nous l'avons expliqué, n'a absolument rien à voir dans la tactique, à quelque point de vue que l'on se place, à quelque degré que l'on soit dans la hiérarchie. Un objectif unique subsiste partout, la lutte sans merci contre tous ceux qui osent s'attaquer à la société française.

L'opinion des auteurs prussiens a pourtant une certaine valeur. Elle est l'impression de l'expérience. Il est certain, en effet, qu'en 1870, l'emploi tactique des Bavarois, leur place dans l'ordre de bataille et dans les combats, a été la conséquence d'une pensée politique. Il est également certain que la répartition actuelle des hommes et des réserves provenant de certaines frontières dans des corps d'armée excentriques est soumise à une application de tactique intérieure. En France, de pareils expédients ne sont pas nécessaires. L'unité est complète, du nord au midi. Elle est absolue.

Mais si la politique ne doit pas avoir d'action sur la tactique, elle en exerce pourtant une, celle-là indirecte et des plus considérables.

« L'organisation des forces militaires, a dit Von der Goltz, dépend du degré de civilisation d'un peuple.

« Pour être viable, il faut qu'elle se base sur l'état social de la nation. »

M. de Freycinet a ajouté dans le même sens : « L'état militaire d'un peuple n'est à bien des égards que la résultante d'un ensemble de mœurs et d'institutions qui influent directement sur son armée. »

Rien n'est plus exact.

En effet, si la tactique intérieure est logiquement établie, c'est-à-dire, si les rouages administratifs sont en concordance avec les nécessités de sécurité de la nation, si l'instruction est pratique, une et nationale, il est hors de doute que la préparation militaire et tactique sera de beaucoup facilitée.

Toute question civile d'ailleurs touche à une question militaire, et réciproquement.

En stratégie politique, extérieure et intérieure, il en est de même.

« L'état-major général, disait dernièrement le prince de Hohenlohe, est à la stratégie ce que la diplomatie est à la politique.

« Le gouvernement veut, la diplomatie exécute les ordres dans ses détails. Le ministre ordonne, l'état-major règle les détails. »

En fait, la stratégie civile est de beaucoup supérieure à la stratégie militaire, par cette raison que la guerre lui est toujours subordonnée. Celle-ci n'est que l'un de ses moyens. Le but n'est pas immédiat.

La tactique politique est au contraire bien inférieure à la tactique militaire, par ce fait qu'une erreur en tactique politique a tout le temps désirable pour espérer être réparée, tandis que la tactique militaire mauvaise aboutit à un but immédiat fâcheux, à une bataille perdue, dont l'État tout entier subit les conséquences.

« Il suffit d'une journée pour décider du sort de toute une armée, de tout un peuple. Il suffit également d'une heure, d'un vote trop hâtivement donné, d'une constitution mal coordonnée ou incomplète, d'une mesure prise trop nerveusement, d'un décret impolitique rendu, pour décider de l'avenir d'un pays. Sur ce point, se produit une erreur de relativité dans nos appréciations. Comme le danger, les inconvénients, les conséquences de cette constitution, de cette loi, de ce vote, de ce décret, de cette mesure, ne se manifestent pas immédiatement; comme ils ne gênent directement ni nos habitudes, ni nos plaisirs; comme nous croyons toujours avoir le temps de corriger, nous acceptons aisément cet état quelque fâcheux qu'il puisse être au point de vue des conséquences possibles et nous n'y prêtons qu'une attention secondaire (1). »

En résumé, la tactique n'a rien à voir dans la politique; la stratégie y puise sa base d'opérations. La politique, c'est-à-dire la stratégie extérieure, constitue le point initial de la stratégie positive.

Ce point initial, autrement dit ce point de contact des deux applications de la science de l'État, de la paix et de la guerre, est unique.

Seuls, les membres du gouvernement le

(1) *La guerre et la société*, page 81, par le général Iung.

peuvent déterminer. Seuls, les ministres de la guerre et de la marine peuvent en indiquer les conséquences possibles à leurs chefs d'état-major respectifs.

Pour tout le reste de l'organisme militaire, l'action de la politique n'est que réflexe.

Quant à la valeur militaire d'un État, elle reste proportionnelle à celle des facteurs composant cet État. Réciproquement, sa valeur politique est en raison de celle de l'armée.

Toute perte de force, au civil, a sa répercussion au militaire, et réciproquement.

Vis-à-vis des autres États, la situation militaire d'un peuple n'est qu'une affaire de comparaison. Tout est relatif ici-bas. Il n'y a rien d'absolu. Les idées préconçues sont les *microbes de notre intelligence*. En politique, elles sont mortelles.

CHAPITRE XXI

DES QUALITÉS POLITIQUES

Mais quelles sont les conditions d'être de cet *ars civis*, de cette politique, autrement dit de cette stratégie et de cette tactique, extérieures et intérieures ?

Là s'arrête forcément mon droit d'écrivain militaire. En indiquant l'origine du phénomène, je n'ai recherché que l'intérêt de l'armée et la démonstration de l'influence d'un mot trop vague sur la manière de conduire les hommes. En un mot, j'ai désiré mettre un peu d'ordre dans les procédés d'examen de ce problème de la vie des sociétés.

En apparence, il y avait confusion ; en réalité, il n'y avait et il ne pouvait y avoir qu'une admirable unité.

La nature est une.

Dans ses étonnantes applications, par exemple, il n'en est pas de même.

Hommes, moyens, buts, changent avec les sociétés, les gouvernements, les ressources, les milieux et les climats. On peut en déduire cette loi.

La stratégie et la tactique, extérieure et intérieure, autrement dit la politique, varient en raison du nombre et du groupement des facteurs entrant dans la formule de chaque État.

Mais, comme les termes de cette formule sont nombreux, il en résulte une variété également considérable dans les procédés à employer, dans la manière de les envisager, et, par conséquent, dans les qualités à réclamer de la part de ceux appelés à cette œuvre de direction gouvernementale.

Comme dans l'armée, on peut être bon tacticien, parfait administrateur et fort médiocre stratégiste.

Le dicton populaire : « Tel brille au second rang, qui s'éclipse au premier », n'est qu'une application de cette règle.

En stratégie et tactique civiles, les paroles ne sont rien, les actes, tout.

Le maniement de la parole, comme le mutisme, ne sont le plus souvent que les mirages d'une idée absente.

« Quelle est la valeur du colonel X ? » demandait-on au général D.

« Je n'en puis rien dire, répondait ce dernier, je ne le connais que par ses notes. Je ne l'ai vu ni en manœuvres, ni au feu, et je n'ai jamais lu une ligne de lui ».

Au civil, il en est de même.

« Qu'est Y? » disait-on à G...

« Je n'en sais rien, répliqua-t-il. Qu'a-t-il fait? qu'a-t-il écrit? »

La possession de la science de l'État ne peut pas faire un homme d'État éminent, mais il n'y a pas de grand homme d'État, sans la possession de cette science.

L'art de la stratégie politique est de quelques-uns ; la tactique politique est à tous.

Dans une société composée de trente-huit millions d'individus, cent mille fonctionnaires font journellement de la tactique, cent au plus se trouvent en situation d'aborder la stratégie politique.

En politique, comme sur le champ de bataille, on doit savoir se placer et voir, et c'est pour avoir su se placer et avoir vu ou su voir que certains hommes ont exercé une telle influence sur la marche des événements, dans les sociétés où ils se sont développés.

En politique, le difficile n'est pas de savoir ce qu'il faut faire, c'est de savoir ce qu'il ne faut pas faire.

Dans la direction des affaires civiles, le caractère est tout ; mais le caractère politique est spécial. Il ne consiste, ni dans l'entêtement, ni dans l'énergie ; il est tout entier dans la dignité de la vie et, dans la soumission constante, absolue de toutes les idées, de tous les intérêts, à ceux supérieurs de l'État.

Pour prétendre diriger les autres, il faut savoir se diriger soi-même.

Les gouvernants, ayant acquis une position élevée, ne sont que les résultantes de circonstances, étrangères à leur personnalité, ou supérieures à leur volonté. De leur vivant, ils ne sont presque jamais une cause, mais toujours un effet. S'ils perdent le sentiment de cette relativité, ou s'ils commettent cette erreur de jugement, ils se condamnent eux-mêmes.

La connaissance des hommes et leur choix constituent la partie la plus difficile de l'art politique.

On n'est pas digne de conduire les hommes, si on ne les juge que d'après le dire des autres.

Le choix des hommes d'État est du ressort de la stratégie; leur emploi est de celui de la tactique.

Il y a des points stratégiques en milieux, en hommes et en affaires, au civil comme au militaire.

Les points stratégiques en milieux dépendent de la valeur du sol, au point de vue de la stratégie d'État.

Les points stratégiques en affaires répondent aux nœuds de chemins de fer, aux ports, aux centres de production et de consommation.

Les points stratégiques en hommes correspondent aux nœuds de direction. En ces points, en effet, il importe qu'il y ait conformité de vues, intimité complète de sentiments entre les chefs et le gouvernement, puisque ce dernier se trouve dans l'obligation de confier à ceux de ses mandataires, installés en ces postes importants, les secrets les plus graves de sa politique.

En stratégie d'État, toute infraction à cette règle, aussi bien pour la désignation du haut personnel, que pour celle de l'entourage de ce même personnel, est une faute stratégique. Elle est capitale et le plus souvent irréparable.

D'après Clausewitz : « Une réelle entente des choses de la guerre est indispensable à la direction politique des États. » En effet, il n'y a pas de question militaire qui ne touche à une question civile et réciproquement. Il n'y a pas une loi, un décret, une circulaire ministérielle, visant une affaire en temps de paix, qui ne doivent être traités en même temps au point de vue de la guerre.

Dans un État, le moment le plus critique, c'est le passage du pied de paix au pied de guerre, non seulement pour les choses de l'armée, mais encore et surtout pour tous les rouages de l'État. Toute négligence à cet égard exerce une influence fatale sur les débuts de la guerre, débuts dont le salut du pays tout entier se trouve dépendre.

En un mot, un homme d'État ne doit pas envisager une question civile sans se préoccuper de l'influence possible de la solution sur l'armée et sur la guerre.

En politique intérieure, la première des obligations est de diminuer dans la mesure du possible le nombre des forces perdues, c'est-à-dire, d'accroître les connaissances de tous.

L'intelligence humaine est comme le sol. Il faut la défricher et l'ensemencer sans cesse, si l'on veut qu'elle produise.

« Chaque nation, a dit Richelieu, a ses défauts. Les prudentes sont celles qui tâchent d'acquérir par art ce que la nature ne leur a pas donné. »

M. de Freycinet a dit également : « L'instruction doit être à la base et au sommet. Il faut que tout homme n'arrive désormais à vingt ans qu'après avoir reçu, à une époque de sa jeunesse, un minimum déterminé de connaissances utiles.

« Il faut, ajoute M. Casimir-Périer (1), triompher de l'esprit de coterie qui gaspille les forces morales et physiques pour satisfaire des amours-propres.

« Il faut faire un faisceau de tous les efforts et de toutes les énergies pour les mettre au service de cette grande unité qui s'appelle l'armée. »

(1) *Les effectifs de la cavalerie et la remonte*, par M. C. Périer, député de l'Aube.

Une école supérieure de guerre a été reconnue nécessaire pour l'armée. La même obligation s'impose pour l'armée civile. Une école supérieure civile est à créer. Un état-major général a été organisé. Un état-major général de l'armée civile auprès du président du conseil est tout aussi urgent. Il existe en principe; c'est le Conseil d'État. Il ne s'agit que de l'agencer en vue du but grandiose de la stratégie.

La marche d'une société est en raison de la simplicité des moyens employés par les hommes, et de l'homogénéité du milieu où ces effets se manifestent.

L'unité dans la direction, la simplicité dans les rouages, l'homogénéité dans la préparation des hommes et des moyens pour une société déterminée, constituent les éléments les plus sûrs du progrès de cette société.

Là est tout le secret de la tactique politique intérieure. On se trouve avoir fait de la bonne tactique, lorsqu'on a supprimé une barrière, détruit une légende, fait disparaître un rouage, une fonction inutile, etc..., en un mot diminué les causes de frottement, c'est-à-dire de ralentissement dans la marche de l'État.

On en a fait de la mauvaise, lorsqu'on a rendu un décret incomplet, lorsqu'on a laissé de côté une loi nécessaire pour éviter une difficulté de tactique parlementaire.

Or, a dit P.-J. Proudhon : « Au peuple le plus

vivace, à celui qui par le travail, le génie, l'organisation du pouvoir, la pratique du droit, possèdera à un degré supérieur la capacité politique, à celui-là le commandement. »

P.-J. Proudhon a raison. Tout se paie ici-bas, les fautes de stratégie politique surtout.

Mais la constatation de la mobilité et de la variété des applications de ce grand art civil, de la stratégie et de la tactique civile, en entraîne une autre, celle de la mobilité nécessaire de nos impressions et de nos jugements. Il faut en effet plier nos intelligences à cette relativité de tous les instants.

En stratégie politique, la première des qualités est de prévoir.

En tactique politique, le plus important des devoirs est de savoir modifier à temps.

CHAPITRE XXII

CONCLUSION

Dans sa merveilleuse unité, la nature, pour arriver à ses fins, procède partout d'une manière uniforme.

Les éléments qui la composent sont les moyens mis à sa disposition.

L'association, l'attraction, la répulsion, en un mot, la combinaison incessante de ces moyens, de ces éléments, constituent cette stratégie et cette tactique universelle, cet *ars mundi* dont le but reste pour nous une éternelle indéterminée.

Les sociétés sont dans le même cas.

L'étude des transformations de ces sociétés et de leur mouvement vers un but non immédiat, n'est autre que celle de la science sociale.

Pour une société particulière, cette science devient celle de l'État.

Cet État comprend un territoire dit national, certaines ressources, certains moyens, ainsi qu'un certain nombre d'habitants répartis en gouvernés et gouvernants.

L'association, l'attraction ou la répulsion, la destruction ou la conservation, en un mot, la combinaison également incessante des trois termes composant cette équation de l'État, déterminent un mouvement, une résultante.

Cette résultante, c'est le degré de civilisation pour la société où elle se manifeste, c'est le progrès, la recherche de la sécurité, de la prospérité et de la dignité les plus grandes possibles pour tous les citoyens faisant partie de cet État.

Ce résultat est obtenu par l'application la plus logique et la plus simple des principes et des règles imposés par cette science.

Cette application est un art; l'*art civil*, la *politique* pour tout ce qui concerne les choses de l'État en général, le temps de paix en particulier; l'*art militaire* ou *la stratégie et la tactique* pour tout ce qui regarde le temps de guerre.

Cette politique, autrement dit, cette stratégie et cette tactique, est à la fois extérieure et intérieure.

Il y a donc deux stratégies et deux tactiques civiles, tandis qu'il n'y a qu'une stratégie et qu'une tactique militaire.

Aux gouvernants, ces délégués des gouvernés, revient le devoir de se livrer à cet art et de faire les applications de cette science de l'État, en conformité des aspirations manifestées par l'opinion publique et par les Chambres.

Aux membres du gouvernement seuls, incombe l'obligation de faire de la stratégie d'État, civile ou militaire. Seuls ils ont qualité pour indiquer le but à ceux de leurs subordonnés chargés de la stratégie positive, et pour donner leurs instructions à ceux de leurs mandataires ayant mission de faire de la stratégie ou de la tactique. . . . . . .

En définitive, en raison de l'admission incontestable du principe du service obligatoire, c'est-à-dire de l'adaptation possible de tous les citoyens d'un État à deux situations préexistantes de paix ou de guerre, la stratégie politique et la stratégie militaire constituent de plus en plus un seul et même art.

Pour l'instant, nous l'avons vu, la stratégie militaire d'Etat est aux ordres de la stratégie civile extérieure et intérieure.

Cette stratégie civile n'a pas de limite. Elle est constante, car elle est sans commencement ni fin. En temps de paix, elle prépare l'action du pays. En temps de guerre, elle modifie et facilite la conclusion.

La stratégie militaire positive ne s'occupe que de l'existant et de l'agencement de cet existant, en vue du but fixé par le gouvernement. Elle n'a à s'occuper ni de personnel, ni d'organisation. Elle prend ce qu'on lui donne et le combine de la façon la meilleure possible, en vue des éventualités envisagées.

Elle est subordonnée à l'organisation de l'armée, à la configuration du sol, aux voies de communication, aux transports, à la mobilisation des unités, à la préparation des armées concurrentes.

En temps de paix, son but est la concentration des armées et des flottes en vue des opérations possibles, ainsi que l'organisation défensive du territoire national et colonial.

En temps de guerre, elle continue l'entretien des armées et des flottes. Elle en combine de nouvelles.

Scientifiquement, il n'y a pas deux territoires, comme il n'y a pas deux défenses. Le territoire national est partout où flotte le drapeau tricolore. Par conséquent, au point de vue scientifique, il ne devrait y avoir qu'un état-major général (1).

La dernière stratégie, celle dite active, commence au moment où, les armées et les flottes

(1) Cet état-major général comprendrait quatre sections :
L'une, pour les opérations des armées de terre;
La seconde, pour la défense du territoire, le gouvernement des places, etc.;
La troisième, pour es opérations des flottes;
La quatrième, pour les colonies et les protectorats.

une fois concentrées, leurs chefs en prennent le commandement.

Son action dépend des dispositions prises par la stratégie positive, c'est-à-dire, de la concentration, de la configuration du sol, des approvisionnements, de la politique extérieure, enfin du génie des chefs.

Les moyens de son action sont les voies ferrées, les canaux, les rivières, les routes, etc...

En tout état de cause, cette stratégie doit rester absolument étrangère à toute influence de politique intérieure.

La tactique ne diffère de la stratégie que par le but. Ses moyens d'action sont semblables. Son but seul n'est pas le même. Dans la stratégie, il n'est jamais immédiat; dans la tactique, il l'est toujours.

La tactique est aux ordres de la stratégie. On ne peut faire de stratégie sans tactique ; on peut faire de la tactique sans stratégie.

Par contre, on peut commettre une erreur en stratégie et la corriger tactiquement, tandis qu'on ne peut réparer une faute tactique par la stratégie.

Il y a autant d'espèces de tactiques que d'armes et de services. La tactique générale résume l'ensemble des dispositions aptes à régler l'emploi judicieux d'une troupe composée de toutes armes et des différents services sur un terrain donné, en vue d'un but déterminé.

Ce but, c'est le combat naval ou terrestre, c'est la prise ou la défense d'une place.

La politique n'a rien à y voir. L'armée est avant tout l'armée de la patrie. Elle la représente dans son génie et dans son esprit.

Ainsi dans toute cette série de combinaisons, résultant de la stratégie ou de la tactique, la politique n'intervient qu'une seule fois au point initial, au moment du choix du but. Seuls, les ministres de la guerre et de la marine ont faculté d'en déterminer la forme et la nature.

Seuls, les chefs d'état-major en peuvent avoir connaissance.

Partout ailleurs, la politique n'agit que par action réflexe, par influence. Il est en effet certain que si les lois militaires sont bonnes, les soldats bien instruits, l'armement perfectionné, les transports aisés, les approvisionnements suffisants, l'argent abondant, les chefs choisis en conformité des vues du gouvernement, l'emploi de ces mêmes hommes, en stratégie positive et active ainsi qu'en tactique, s'approchera de la perfection.

Réciproquement si cette armée est réellement nationale, et convenablement préparée, elle exercera à son tour une action heureuse sur la politique intérieure et extérieure de l'État. Elle donnera plus de force à ses institutions et surtout plus d'autorité à ses revendications.

En résumé, les deux armées composant la

nation, l'une civile, l'autre militaire, ont l'une sur l'autre une influence considérable et de tous les instants.

Les moyens de conduite de ces deux armées sont les mêmes; seuls, les résultats, traités avantageux, loi favorable pour l'armée civile ou victoire pour l'autre armée, se trouvent différencier.

Dans cet effort incessant, qu'il s'agisse de politique, de stratégie ou de tactique, l'armée française, par son travail opiniâtre et grâce à ses chefs, grâce aux efforts généreux des gouvernants, grâce au bon sens de tous, peut réclamer une place exceptionnelle.

Cette place, elle l'a reconquise dans l'esprit des hommes d'Etat, réellement indépendants.

L'armée française est comme le soleil; aveugle qui ne la voit pas.

APPENDICE

PRÉDICTIONS POPULAIRES

LA BATAILLE DE WERL

Dans son numéro du mois de mai 1850, la *Revue britannique* reproduisait un curieux article de la *Revue d'Édimbourg*, dont l'auteur, le professeur William Gregory, d'Édimbourg, traitait de la politique conjecturale et des prédictions populaires, particulièrement en Allemagne.

Ces sortes de prophéties sont curieuses. Elles ont été recueillies et publiées en 1849 sous le titre de :

VOIES PROPHÉTIQUES

AVEC LES EXPLICATIONS

Recueil aussi parfait que possible de toutes les prédictions anciennes et modernes

Concernant l'époque actuelle et les temps futurs,

Par THOMAS BEYKIRCH,

Licencié en théologie et curé à Dortmund.

En 1672, un capucin de Dusseldorf annonçait une guerre horrible pour le temps actuel, entre le Nord et le Midi. La lutte dernière devait avoir lieu près du *carrefour du Bouleau*.

« Le chef vient du Midi. Couvert d'un habit blanc, il est porté par son cheval blanc. Il regarde avec une lunette d'approche vers le *carrefour du Bouleau* et observe l'ennemi. A son ordre, sa troupe se met en marche du côté d'Holstum. Il mène à la bataille ses soldats vêtus de blanc, et après une lutte acharnée, il remporte la victoire. Le principal carnage aura lieu près d'un ruisseau qui coule de l'Orient à l'Est. »

En 1701, paraissait à Cologne l'opuscule suivant :

PROPHÉTIE RELATIVE A L'EFFROYABLE LUTTE

ENTRE LE NORD ET LE MIDI,

ET A LA SANGLANTE BATAILLE QUI DOIT SE LIVRER

SUR LES FRONTIÈRES DU DUCHÉ DE WESTPHALIE,

Près de Budberg.

EXTRAIT D'UN LIVRE INTITULÉ :

TRAITÉ DE LA RÉGÉNÉRATION CÉLESTE

LIVRE ÉCRIT PAR UN AUTEUR ANONYME

QUE DES VISIONS ILLUMINAIENT.

Imprimé avec la permission de l'officialité de Werl.

COLOGNE, 1701.

On y lisait :

« Après que les nations auront combattu longtemps entre elles, que des trônes auront été réduits en poussière et des monarchies détruites, le Sud tout entier prendra les armes contre le Nord. Ils se disputeront l'empire du monde. Les armées se rencontreront en Allemagne; elles auront tout détruit sur leur passage, les hameaux et les cités, dont les habitants fuiront dans les montagnes et dans les bois. C'est au milieu de la Basse-Allemagne que se décidera le conflit. Les armées y établiront leurs camps. Le monde n'aura jamais rien vu de pareil. L'engagement définitif aura lieu au *carrefour du Bouleau*, près de Budberg. Malheur! malheur! pauvre patrie! On combattra pendant trois jours entiers. Même quand ils seront couverts de blessures, les soldats se déchireront encore l'un l'autre et marcheront dans le sang jusqu'aux chevilles. Le peuple barbu des sept étoiles sera vainqueur et mettra les ennemis en fuite; ils se sauveront au bord de la rivière et y combattront une dernière fois avec désespoir. Mais leur puissance sera détruite, à peine quelques-uns d'entre eux s'échapperont-ils pour aller conter cette défaite inouïe. »

Un paysan, nommé Spielbœhn (ménétrier), mort en 1783, prédisait la même chose.

« Un paysan, nommé Ludoff, prétendait avoir vu tout l'ordre de bataille et la position de deux armées. Il désignait un champ de blé voisin de Kirch-Hemmerle, près du *carrefour du Bouleau*. Il disait avoir aperçu dans sa vision un colonel atteint d'une balle, qui tombait de sa monture. Le cheval, ajoutait-il, courait à une gerbe d'avoine, en arrachait une bouchée, mais tombait au même instant, frappé aussi d'un coup de feu. La gerbe d'avoine indiquait que la grande mêlée aurait lieu à la fin de l'automne.

De nombreuses traditions populaires annoncent également que la ville d'Unna sera brûlée, que les troupes en feront le tour et ne la traverseront pas, à cause de l'incendie. Quelques auteurs déclarent que Dortmund sera livré aux flammes.

« Un nommé Antoine, né à Eldern, village près de Paderborn, annonce les mêmes faits.

« En 1830, un prophète de village, pâtre westphalien, nommé Jaspers, venu au monde à Deininghausen, disait publiquement :

« Une grande route traversera notre pays de l'Ouest à l'Est et passera dans la forêt de Bodelschwing. Sur cette route, les voitures courront sans chevaux et feront un bruit terrible.

« Une lutte formidable éclatera. Cette grande bataille aura lieu au *carrefour du Bouleau* entre Unna, Hamm et Werl. Une moitié du monde y luttera contre l'autre.

« En résumé, ajouta le professeur Grégory, ces diverses prophéties allemandes, dont l'authenticité est suffisamment établie, se ressemblent sur plusieurs points.

« Une guerre générale doit éclater après une paix dont on ne fixe point la durée.

« Elle sera précédée de convulsions politiques et de guerre moins importantes.

« Le Nord luttera contre l'Occident et le Midi.

« Les hommes de l'Occident et du Midi remporteront la victoire, sous la conduite d'un chef puissant qui s'élèvera tout à coup.

« La bataille définitive sera donnée *au carrefour du Bouleau*, etc.

« En fait, ajoute le professeur Grégory, quand

les troupes françaises passèrent à Werl en 1806, elles demandèrent où était le fameux bouleau. Il déployait alors son mobile feuillage entre Holtum et Kirch-Hemmerle, bourgades situées elles-mêmes entre Unna et Werl; s'étant desséché, un ordre royal prescrivit d'en planter un autre, etc. »

TABLE DES MATIÈRES

Paris. — Typographie Gaston Née, 1, rue Cassette. — 2827.

www.ingramcontent.com/pod-product-compliance
Ingram Content Group UK Ltd.
Pitfield, Milton Keynes, MK11 3LW, UK
UKHW012014240726
13965UKWH00002B/352